Vegetarische Küche

BASSERMANN

Zum Geleit

Wenn Sie, liebe Leserinnen und Leser dieses Buch in die Hand genommen haben, so ist dies bereits der erste Schritt zu einer bewußten, zu einer gesunden Ernährung: weg von der viele Jahre lang gewohnten sogenannten bürgerlichen Kost, weg vom Fleisch, hin zu einer vollwertigen, naturbelassenen Kostform.
Ein Schritt, der Sie von lästigem Übergewicht befreien und zu mehr Gesundheit führen kann.
Vertrauen Sie Ihrem Arzt, wenn er zu einem reduzierten Fleischverzehr geraten hat. Vertrauen Sie aber auch sich selbst, wenn Sie diesen neuen Weg gehen.
Sie haben sicher genug gelesen über die erschreckende Zunahme der ernährungsbedingten Zivilisationskrankheiten. Generationen von Vegetariern, Millionen in vielen Ländern, haben ihre positiven Erfahrungen mit der fleischlosen Küche gemacht. Schon beim Durchblättern dieses Buches werden Sie erkennen, wie abwechslungsreich, wie vielseitig diese Ernährungsform sein kann. Wenn Sie sie aber erst gekostet haben, werden Sie nicht mehr das Gefühl haben, etwas zu entbehren.
Bereits vor 2500 Jahren lehrte der große griechische Philosoph Pythagoras seine Mitmenschen: »... sich der kultivierten fruchtbaren Pflanzenwelt zum Zwecke der Ernährung zu bedienen; aber kein Tier zu töten oder zu schädigen.«
Damals, also 500 Jahre v. Chr., gab es ähnliche Probleme wie heute, und Pythagoras hatte allen Grund seine Mitmenschen zur Mäßigung zu ermahnen.
Namhafte Propheten und Philosophen, Denker, Heilige und Ärzte, Dichter und Künstler haben in diesen 2500 Jahren die Lehre des Pythagoras weiterverbreitet. Die bekannten Ernährungsforscher Dr. Maximilian Bircher-Benner und Professor Werner Kollath haben als Pioniere des Reformgedankens die Grundlagen der modernen Ernährungswissenschaft erarbeitet.
Durch die umfangreiche Literatur über gesunde vegetarische Ernährung, können wir erfahren, wie vielseitig die Gedanken und Arbeiten sind, die auf dem Gebiete der Lebensreform entwickelt wurden.
Wir lernen daraus, daß nicht alle Ernährungsregeln für alle Menschen gleichermaßen gelten, und daß bei Beachtung bestimmter Grundregeln sich der einzelne individuell ernähren sollte. Sie haben sich für dieses Buch entschieden, das Ihnen neue Impulse geben wird. Wenn Sie die vielfältigen leckeren Gerichte ausprobieren, werden Sie im Laufe der Zeit eigene Variationen entwickeln, denn der Phantasie sind in der vegetarischen Küche keine Grenzen gesetzt. Sie werden unter anderem vielleicht herausfinden, wie man z. B. den Schuß Wein, der in der bürgerlichen Küche üblich ist, durch geschicktes Würzen ersetzen kann.
Eines ist sicher: wenn man seinen Weg gefunden hat, und möglichst im eigenen Garten frische Kräuter und naturbelassenes Gemüse anbaut, wird die vegetarische Küche auch preiswert sein. Meine guten Wünsche begleiten Sie bei Ihrem Streifzug durch die feine vegetarische Küche.

Vegetarierbund Deutschlands

Rudolf Meyer

Rudolf Meyer, Vorstand

INHALT

Vegetarische Küche – der Weg zur bewußten Ernährung

Auch wenn man nicht immer die Meinung vieler Gesundheitsapostel teilt, eines können wir nicht von der Hand weisen: die vegetarische Küche trägt einen großen Teil zu einer bewußten Ernährung bei. Viele der uns belastenden Zivilisationskrankheiten, wie Herz-Kreislauf-Erkrankungen, Arteriosklerose, Übergewicht, Gicht, Diabetes, Karies und einige Krankheiten des Verdauungstraktes werden durch falsche Ernährung begünstigt. Darum sollte gerade die heutige, moderne Ernährung uns den richtigen Weg zu einer gesunden Kost weisen. Doch meist ist das Gegenteil der Fall: Ein allzu üppiges und vielfältiges Nahrungsangebot einerseits sowie unser oft zu schwacher Wille andererseits bestimmen weitgehend unsere Ernährungsgewohnheiten. Gesundheitsbewußt essen und trinken hängt nicht allein vom Angebot ab, sondern ist eine Frage der Lebenseinstellung. Oft führt ein verändertes Bewußtsein auch zu Änderungen der Ernährungsweise und häufig wird dabei auf tierische Nahrungsmittel verzichtet.
Bekannte Formen der fleischlosen Ernährung sind der Vegetarismus, die Vollwertkost, die Makrobiotik und die Mazdaznan-Ernährung. Doch wer kann sich unter diesen Schlagworten etwas genaues vorstellen. Deshalb werden wir nun einige vegetarische Ernährungsformen genauer erklären. Lassen Sie sich nicht allzusehr von einzelnen Parolen leiten, folgen Sie dem Motto des Gourmets, der aus vielen Dingen die schönsten herauspickt, und nicht der unkontrollierten Völlerei des Gourmands.

Vegetarismus

Oft hat der Vegetarismus einen geistigen, moralischen und ethischen Hintergrund. Durch die Ablehnung bestimmter Lebensmittelgruppen wird die Ernährung bestimmt, und wir können analog dazu den Vegetarismus in drei große Untergruppen einteilen.
Die Veganer, die zu den härtesten Verfechtern des Vegetarismus zählen, lehnen jede tierische Nahrung ab, der Speisezettel besteht aus rein pflanzlichen Lebensmitteln.
Die Lacto-Vegetarier nehmen neben pflanzlichen Nahrungsmitteln auch Milch und Milchprodukte zu sich. Bei der Ovo-lacto-vegetabilen Kost werden zusätzlich noch Eier verwendet.

Aus ernährungsphysiologischer Sicht wird bestätigt, daß bei Personen, die sich vegetarisch ernähren, der Cholesterinspiegel im Blut wesentlich niedriger ist als bei denen, die auch Fleisch und Fleischprodukte zu sich nehmen. Andere Untersuchungen zeigen, daß der Blutdruck bei vegetarischer Ernährung ebenfalls sinkt. Sehr zu empfehlen ist diese Kostform beispielsweise bei Gichtpatienten, da diese Stoffwechselstörung durch Fleischgenuß begünstigt wird.
Achten sollten Sie bei einer rein pflanzlichen Ernährungsweise auf Mangelerscheinungen, die durch eine zu geringe Zufuhr von Vitamin B_{12}, Eisen und Calcium auftreten können.

Makrobiotik

Die Makrobiotik lehnt sich an den chinesischen Zen-Buddhismus an. Basierend auf der Lehre der Kräfte des Universums, geht diese Philosophie von der Existenz zweier gegensätzlicher Pole aus.
Yin steht für die auseinanderströmende Kraft und Yang für die zusammenfließende.
Das Verhältnis von Yin und Yang zueinander ist der entscheidende Faktor für das Wohlbefinden des Menschen. Beide Kräfte streben immer nach einem dynamischen Gleichgewicht, das nach der Lehre der Makrobiotik vorrangig durch die Ernährung geprägt wird. Welches Lebensmittel nun mehr durch Yin und welches mehr durch Yang beeinflußt wird, hängt von vielen Faktoren ab, wie z. B. der Umwelt, der Struktur, dem Aussehen, der Form oder der Farbe des Nahrungsmittels, um nur einige Punkte zu nennen.

Mazdaznan

Die Mazdaznan-Ernährungslehre wird zurückgeführt auf den Propheten und Religionserneuerer Zarathustra, der ca. 600 Jahre vor der christlichen Zeitrechnung lebte. Im Abendland wurde diese Lehre durch Otto Hanisch (1850–1936; Otoman Zar-Adusht Hamish) verbreitet und basiert im wesentlichen auf Atmung und Ernährung.
Die Atmung schafft die Grundvoraussetzung für eine gesunde Lebensweise, für die innere Reinigung. Sie soll den Menschen aber auch in Verbindung mit dem Kosmos bringen.
Die Ernährungslehre nimmt besondere Rücksicht auf verschiedene Menschentypen und auf die richtige Zusammensetzung der Nahrung. Die individuelle Gestaltung der Ernährung und das bewußte Essen stehen im Mittelpunkt.

Vollwertkost

Eine weitere Form der vegetarischen Küche ist die Vollwertkost. Dabei sollen die Produkte möglichst naturbelassen verzehrt werden. Je weniger ein Lebensmittel behandelt wird, um so vollwertiger ist es. Die Vollwertkost betrachtet nicht die einzelnen Lebensmittel, wie es in der Makrobiotik gemacht wird, sondern sieht das Prinzip in der »ganzheitlichen« Ernährungslehre. Die Vollwertkost bevorzugt Nahrungsmittel aus dem biologischen Anbau, d. h., die Produkte sollen möglichst ohne chemische Rückstände sein. Der Bio-Bauer, der ohne jeden chemischen Zusatz seine Felder bestellt, ist der Lieferant für die Produkte der Vollwertkost.

Die Vollwertkost kennt kein generelles Verbot bestimmter Nahrungsmittel: Fleisch, Fisch und Geflügel dürfen in kleinsten Mengen gegessen werden. Zu bevorzugen sind allerdings Getreide und Getreideprodukte aus Vollkorn, Frischkost, kaltgepreßte Öle, Rohmilch und andere weitgehend unbearbeitete Lebensmittel.

Milch

Kleine Ernährungslehre

Wie wichtig die richtige Ernährung für den Menschen ist, zeigen auch wissenschaftliche Untersuchungen. Deshalb kann man es schon fast als fahrlässig bezeichnen, wenn sich der Mensch den entsprechenden Erkenntnissen verschließt und Essen und Trinken entweder nur als Notwendigkeit oder als Lustgewinn ansieht. Wir alle streben nach Gesundheit und einem langen Leben, doch beides wird eben maßgeblich durch die richtigen Eß- und Trinkgewohnheiten beeinflußt. Trotz aller Versuche, die Menschen aufzuklären, nehmen unsere bekannten Zivilisationskrankheiten immer noch zu. Dabei ist es doch gar nicht schwierig, die Zusammenhänge wenigstens in groben Zügen zu erkennen und danach zu leben. Der Anfang muß einfach gemacht werden, doch das erfordert eben manchmal einen festen Willen.

Warum Nahrung?

Wir könnten einfach sagen: um zu leben. Doch so einfach wollen wir es uns nicht machen. Biologisch verstehen wir unter Leben den Auf-, Ab- und Umbau der Körpersubstanz. Dabei werden verschiedene Stoffe aufgenommen, umgesetzt und ausgeschieden – es kommt zum Stoffwechsel. Um diesen Prozeß in Gang zu halten, braucht der Mensch Energie, die ebenfalls durch die Nahrung zugeführt wird.

Die Nährstoffe

Wir unterscheiden Nährstoffe in solche, die Energie liefern (Eiweiß, Fett, Kohlenhydrate) und solche, die keine Energie liefern (Vitamine, Mineralstoffe, Ballaststoffe, Wasser). Der Bedarf an Nährstoffen hängt von vielen Faktoren ab, von Umwelteinflüssen, Alter, Wachstum, Arbeit, Sport, um nur einige zu nennen. Auch das Verhältnis der Nährstoffe zueinander spielt eine wichtige Rolle. Es gibt essentielle Nährstoffe, d. h. solche, die für den menschlichen Körper lebensnotwendig sind. Diese Stoffe müssen regelmäßig mit der Nahrung aufgenommen werden. Kommt es zu einer einseitigen Ernährung, so fehlt dem Körper ein wichtiger Baustein, und es kommt zu Mangelerscheinungen. Fazit: Versuchen Sie Ihren Speiseplan möglichst abwechslungsreich zu gestalten; achten Sie aber auch darauf, daß Sie nicht zuviel Energie zuführen, denn jede überschüssige Energie wird in Fettdepots gespeichert, die Ihrer Gesundheit schaden.

Eiweiß

Das Eiweiß, auch Protein genannt, ist ein Nährstoff, der dem Körper zugeführt werden muß. Eiweiß hat die Aufgabe, Muskeln und Organe aufzubauen und zu erhalten. Ohne eine Eiweißaufnahme kann der Körper eines Kindes nicht wachsen und Körperzellen können nicht erneuert werden.

Der Bedarf an Eiweiß ist beim Menschen, je nach Umfang der Muskelmasse, Art der Arbeit oder Alter, unterschiedlich. Ein Erwachsener sollte etwa 0,8 g Eiweiß/kg Körpergewicht aufnehmen. Nicht jedes Protein ist für die menschliche Ernährung gleich wertvoll, man spricht hier von der biologischen Wertigkeit der Proteine. Je ähnlicher das Nahrungseiweiß dem Körpereiweiß ist, um so wertvoller ist es für den Menschen, der von einem solchen Protein geringere Mengen braucht, um seinen Eiweißbedarf zu decken.

Der Brennwert von 1 g Eiweiß entspricht 4,1 kcal (Kilokalorien) oder 17 kJ (Kilojoule). Nur Ovo-lacto-Vegetarier und Lactovegetarier können ihren Eiweißbedarf über Eier, Milch und Milchprodukte decken. Strenge Vegetarier haben die Möglichkeit, sich durch Kombination verschiedener Nahrungsmittel hochwertiges Eiweiß zuzuführen. Daneben liefern die Sojabohne und die Sojabohnenprodukte biologisch hochwertiges Eiweiß.

Fett

Fett spielt in unserer heutigen Ernährung eine wichtige Rolle. So ist zum Beispiel die Zunahme der Übergewichtigen in den Industrieländern auch auf einen überdurchschnittlich hohen Verzehr von Fett zurückzuführen.

Wir sollten Fett aber nicht einfach pauschal verdammen, denn auch dieser Nährstoff ist für den Körper wichtig. Er sollte jedoch bewußt in den Nahrungsfahrplan eingebaut werden. 1 g Fett liefert 9,3 kcal oder 38 kJ.

Wir unterscheiden generell nach tierischen und pflanzlichen Fetten oder nach der Konsistenz bei Raumtemperatur feste, halbfeste oder flüssige Fette. Der Schmelzpunkt eines Fettes ist maßgeblich beteiligt an der Verdaulichkeit für den Körper. Je näher der Schmelzpunkt eines Fettes bei der Körpertemperatur liegt, desto besser ist es verdaulich. Alle Fette setzen sich aus Glycerin und verschiedenen Fettsäuren zusammen, wobei wir zwischen gesättigten, ungesättigten oder mehrfach ungesättigten Fettsäuren unterscheiden. Für den menschlichen Organismus sind vor allem die letzteren von größerer Bedeutung. Sie kommen hauptsächlich in Pflanzenölen vor. Empfehlenswert sind Leinöl, Sonnenblumenöl, Sojaöl oder Maiskeimöl, da sie viele ungesättigte Fettsäuren enthalten.

Wenn über Fett geredet wird, muß auch über Cholesterin geredet werden. Es kommt in Verbindung mit tierischen Fetten vor und wird zur Bildung von Hormonen und Gallensaft gebraucht. Ein zu hoher Cholesterinspiegel im Blut fördert die Entstehung der Arterienverkalkung.
Besonders gesättigte Fettsäuren, die u. a. in tierischen Fetten verstärkt auftreten, beeinflussen den Cholesterinhaushalt negativ. Deshalb sollten Sie die Zufuhr tierischer Fette auf ein Minimum reduzieren. Außer den genannten Stoffen enthält Fett aber auch noch die fettlöslichen Vitamine A und E.
Ein vollkommener Verzicht auf Fett in unserer Ernährung ist demnach nicht möglich.

Kohlenhydrate

Kohlenhydrate bestehen aus Kohlenstoff, Wasserstoff und Sauerstoff. Sie sind wichtige Energielieferanten. 1 g Kohlenhydrate liefert 4,1 kcal oder 17 kJ.
Die Kohlenhydrate können in Einfachzucker (Glucose, Fructose u. a.), in Zweifachzucker (Milchzucker, Rüben- oder Rohrzucker und Traubenzucker) und Vielfachzucker (Stärke, Zellulose, Pektin) unterteilt werden. Für unsere Ernährung ist besonders die Stärke wichtig. Kohlenhydratquellen sind Getreide, Kartoffeln, Obst und Gemüse. Raffinierter Kristallzucker ist ein Feind der bewußten Ernährung. Er ist bei vielen Menschen u. a. für Karies und Übergewicht verantwortlich.
Der Körper setzt die nicht verbrauchten Kohlenhydrate in Fett um und lagert sie in den Fettdepots.

Mineralstoffe

Mineralstoffe sind anorganische Stoffe, von denen der Körper einige unbedingt braucht. Diese essentiellen Mineralstoffe werden für einen reibungslosen Stoffwechsel benötigt. Aber sie haben auch Einfluß auf das Funktionieren der Nerven und den Wasserhaushalt. Darüber hinaus haben sie spezielle Aufgaben beim Aufbau der Knochen, als Bestandteil der Zähne, der Hormone oder der Enzyme. Eine ausreichende Versorgung wird durch eine vollwertige Kost gewährleistet.
Man unterscheidet die Mineralstoffe in Mengen- und Spurenelemente. Mengenelemente sind Kalium, Natrium, Magnesium, Phosphor, Calcium, Chlorid und Schwefel.
Spurenelemente kommen nur in sehr geringen Konzentrationen im Körper vor. Die wichtigsten sind Jod, Eisen, Kobalt, Kupfer, Mangan und Zink. Ihre Hauptaufgabe liegt in enzymatischen Steuerungen, im Nährstofftransport, im Aufbau von Blut und Hormonen.
Von vielen Mineralstoffen weiß man heute noch nicht genau, ob sie für den Körper essentiell sind, einige unter ihnen wirken in großen Mengen sogar toxisch, das heißt, sie sind giftig.

Vitamine

Vitamine sind für den Menschen lebensnotwendig. Da der Körper selbst nicht in der Lage ist, diese Substanzen aufzubauen, müssen sie durch die Nahrung aufgenommen werden. Die Vitamine liefern uns keine Energie, sind aber als Wirk- und Reglerstoffe für den Stoffwechsel essentiell. Bei unzureichender Vitaminversorgung kommt es zu Mangelerscheinungen. Wir unterscheiden wasserlösliche (B-Vitamine, C) und fettlösliche (A, D, E, K) Vitamine.
Der Vitamingehalt der Lebensmittel kann durch die Zubereitungsart beeinflußt werden. In rohen, unbehandelten Nahrungsmitteln ist er am höchsten. Daher sollen Obst und Gemüse möglichst roh oder möglichst schonend und ohne viel Wasser gegart verzehrt werden. Bei Getreidespeisen soll möglichst das volle Korn verwendet werden. Auch frische Milch und Milchprodukte sind wichtige Vitaminlieferanten. Vermeiden Sie Konserven und Fertigwaren.

Ballaststoffe

Die Ballaststoffe sind Pflanzenfasern, die der menschliche Organismus nicht verdauen kann, deshalb werden sie ausgeschieden. Heute weiß man, daß die Ballaststoffe im Darm quellen und den Mikroorganismen des Darmes als Nahrungsgrundlage dienen. Daher sind Ballaststoffe verantwortlich für eine gesunde und regelmäßige Verdauung. Ballaststoffreich sind alle Getreidesorten, Gemüse, Obst und Kartoffeln. Daneben liefern Weizenkleie, Leinsamen und Früchteriegel ausreichend Ballaststoffe. In unseren heutigen Küchen ist es aber manchmal sehr schlecht um die Ballaststoffe bestellt. Doch würde eine ausreichende Menge verzehrt werden, würden Krankheiten wie Verstopfung, Hämorrhoiden, Übergewicht oder Diabetes, um nur einige zu nennen, bestimmt in unserer Gesellschaft abnehmen.

Wasser

Der menschliche Körper besteht etwa zu 50–60 Prozent aus Wasser. Durch die ständige Wasserausscheidung wird er gezwungen, das Wasser in entsprechender Menge zu ersetzen. Der Mensch kann zwar längere Zeit ohne Nahrung auskommen, aber ohne Wasser bricht bald der gesamte Stoffwechsel zusammen.
Im Körper übernimmt das Wasser den Transport von Stoffen, es ist aber auch Quell- und Lösungsmittel und wichtig, um die Körpertemperatur aufrecht zu erhalten. Die Flüssigkeitsmenge, die der Körper für die tägliche Arbeit braucht, hängt von vielen Faktoren ab, doch rechnet man etwa 35 g je kg Körpergewicht. Dies wären bei einem Erwachsenen etwa 2–2,5 Liter.

Milch

Daran sollten Sie beim Einkauf denken

Dank unserer modernen Technik ist auch der Einkauf relativ einfach geworden. Spezielle Bio-Läden, Alternative Läden oder natürlich die Reformhäuser gibt es bestimmt auch bei Ihnen gleich um die Ecke. Diese Läden bieten Ihnen alles, was Sie für Ihre persönliche vegetarische Küche verwenden wollen. Sie werden überrascht sein, welch vielfältiges Angebot und welch erstklassige Produkte Sie dort finden.
Damit Sie schon einmal einen kleinen Überblick bekommen, haben wir ihnen eine Auflistung gemacht, um Ihnen die wichtigsten Produkte vorzustellen.

Trinkmolke
Trinkmolke ist ein vorzügliches Getränk, das sehr gesundheitsfördernd ist. Trinkmolke besteht aus der milcheigenen Flüssigkeit, Mineralstoffen, wasserlöslichen Milchvitaminen, Milchzucker und Milchsäure. Trinkmolke gibt es in verschiedenen Geschmacksrichtungen als reine Molke oder mit Fruchtzusatz. Gekühlt schmeckt dieses Getränk am besten.

Sanoghurt
Dieser Joghurt wird mit Spezialkulturen von Milchsäurebakterien hergestellt. Dabei ist die rasch vom Organismus umsetzbare, rechtsdrehende Milchsäure in einem sehr hohen Anteil vertreten. Aber auch Sauermilch, Quark, Quarkzubereitungen und Cottage Cheese, die im Reformhaus angeboten werden, werden auf die gleiche Weise hergestellt.

Milch und Milchprodukte
Für einen Lacto-Vegetarier ist es auch wichtig, die richtige Milch und die richtigen Milchprodukte zu bekommen. Wenn Sie keinen Bio-Bauern um die Ecke haben, so können Sie diese Milch im Reformhaus beziehen. Ebenso wie die übrigen Milchprodukte, so wird auch der Käse nur aus Milch, die von Vertragsbauern angeliefert wird, hergestellt. Diese Vertragsbauern unterliegen einer ständigen Kontrolle, und man kann davon ausgehen, daß Milch, Milchprodukte und Käse ohne chemische Rückstände sind.

Vollkorn
Ersetzen Sie Weißmehl und Weißmehlprodukte so oft wie möglich durch Vollkornmehle und -produkte, denn diese sind wichtige Vitamin- und Ballaststofflieferanten. Achten sollten Sie aber beim Einkauf von Vollkornmehl, daß es aus biologischem Anbau stammt und daß Sie es frisch gemahlen erhalten. Für feine Teige nehmen Sie außerdem sehr fein gemahlenes Mehl.
Frisch gemahlenes Mehl sollte immer möglichst schnell verwendet werden, da es sonst leicht ranzig wird und seine wichtigen Nährstoffe verliert.

Sojaerzeugnisse
Das Reformhaus bietet neben der Sojabohne eine große Palette von Sojaerzeugnissen an. Soja ist ein hochwertiger Eiweißlieferant und wird von vielen mehr oder weniger als Fleischersatz betrachtet. Mit etwas Geschick und Phantasie lassen sich aus Soja fleischähnliche Produkte herstellen, die selbst den eingefleischtesten Gegner unserer Küche überzeugen werden. Außerdem gibt es natürlich schon erstklassige Fertigprodukte wie Gulasch, Spießchen, Fleischsoßen, Frikadellen oder Brotaufstriche, um nur einige zu nennen. Diese Angebote werden sicher auch Ihnen schmecken.
Ein weiteres Sojaprodukt, das wir nicht vergessen wollen, ist Tofu. Hergestellt wird Tofu, ein Sojakäse, aus reifen, gequollenen und gekochten Sojabohnen, mit bewährten Gerinnungsmitteln versetzt, ohne Zusatz von Konservierungsmitteln gepreßt und anschließend sofort verpackt. Tofu ist seit über zweitausend Jahren eine der wichtigsten Eiweißquellen in Ostasien.
Er ist weitgehend geschmacksneutral, nimmt sehr gut verschiedene Gewürzaromen an und kann dank seiner Beschaffenheit gegrillt, gebacken, gebraten oder gedämpft werden.
Sojamilch ist ein guter Milchersatz und wird in der Küche genauso wie Milch verwendet.
Sojasoßen und Sojawürze schmecken sehr kräftig und werden bevorzugt in der chinesischen Küche eingesetzt.
Sojamehl ist ein Vollsoja-Produkt, das Eier in Backwaren, Gebäck, Pfannkuchen, Nudeln usw. bis zu einem gewissen Teil ersetzen kann.

Öl und Fett
Beim Öl sollten Sie immer darauf achten, daß Sie nur Sorten verwenden, die aus einer Frucht hergestellt werden, also Olivenöl, Sonnenblumenöl, Distelöl usw. Es gibt verschiedene Verfahren zur Gewinnung von Öl. Bevorzugen sollten Sie das kaltgepreßte Öl. Es ist zwar etwas teurer, doch geschmacklich besser und hat dazu noch einen sehr hohen Nährwertgehalt. Dieses Öl wird aus frischen, reifen Früchten gewonnen.
Ob Butter oder ungehärtete Pflanzenmargarine, diese Entscheidung liegt bei Ihnen. Zum direkten Braten sollten beide nicht verwendet werden. Für hohe Gartemperaturen nehmen Sie Öl oder andere hocherhitzbare Pflanzenfette.

Essig
Essig ist nicht gleich Essig. In England wird der Malzessig verwendet, während in den südeuropäischen Ländern mehr der Weinessig bevorzugt wird. Die Amerikaner verwenden Obstessig.
Es ist natürlich Geschmackssache, welchen Essig Sie verwenden, doch wir empfehlen Obstessig, da er bekömmlicher ist. Der Säuregehalt generell ist beim Essig entscheidend, da er von Sorte zu Sorte verschieden sein kann.

Kosten Sie Ihren Essig, bevor Sie ihn verwenden so vermeiden Sie eine Über- oder Untersäuerung. Der Säuregehalt steht außerdem noch auf dem Etikett. Handelsüblicher Tafelessig enthält meist 5% Essigsäure. Hochprozentige Essigsorten werden immer verdünnt an die Speisen gegeben.
Feinschmecker unter uns verfeinern Ihren Essig mit Früchten oder Kräutern. Dafür rechnet man auf einen Liter Essig etwa 200–300 g Früchte nach Wahl, oder 50–100 g Kräuter. Anschließend füllt man das Ganze in ein Schraubglas und läßt es verschlossen vierzehn Tage ziehen, dabei gelegentlich schütteln, dann abgießen und zum weiteren Gebrauch in saubere Flaschen abfüllen.

Zucker
Ob der Zucker zu befürworten oder abzulehnen ist, diese Streitfrage wollen wir hier nicht lösen. Wir wollen Ihnen aber einige Alternativen aufzeigen, die bestimmt eine Bereicherung Ihrer süßen Küche sind.

Ähnlich der Melasse, die aus Zuckerrüben oder Zuckerrohr hergestellt wird, gibt es Fruchtsirup aus Ahorn, Äpfeln oder Birnen. Allerdings haben diese Süßungsmittel einen Eigengeschmack, der nicht zu allen Speisen paßt. Das gleiche gilt auch für braunen Zucker, der auch als Roh- oder Rohrzucker bezeichnet wird. Das natürlichste Süßungsmittel ist der Honig. Man sollte aber wirklich wissen, von welchem Imker der Honig kommt. Doch eines sollte allemal berücksichtigt werden: verwenden Sie alle Süßungsmittel möglichst sparsam, denn neben dem süßen Erlebnis schaden sie auch unseren Zähnen.

Würzmittel
Vielleicht ist Ihnen Extrakt aus Gemüsebrühe, Hefebrühe oder aus Gemüsehefebrühe bekannt. Daneben gibt es für viele Gerichte Gewürzmischungen und Kräutersalze. Versuchen Sie sie doch ganz einfach, es wird bestimmt etwas für Ihren persönlichen Geschmack dabeisein.

Bierhefe
Als zusätzliche Ergänzung zu Ihrer Nahrung ist Bierhefe nicht nur ein hochwertiger Lieferant von B-Vitaminen, Mineralstoffen und Eiweiß, sondern sie ist auch eine ausgezeichnete Würzhilfe. Angeboten wird Bierhefe in verschiedenen Formen, als Pulver, Tabletten, Flokken oder als Extrakt.

Salz
Das Salz ist ein Grundgewürz in unserer Küche. Aber nicht nur das, es ist auch ein wichtiger Bestandteil einer gesunden Ernährung. Allerdings gilt auch hier: ein Zuviel ist ungesund. Wir unterscheiden in der Küche das Koch- oder Küchensalz, das Tafelsalz, das Meersalz und die verschiedenen Gewürzsalze. Salz rundet fast alle Speisen ab, sollte aber wohldosiert angewendet werden. Bevorzugen Sie in der vegetarischen Küche das Meersalz.

Küchenkräuter und Gewürze

Gerade in der vegetarischen Küche ist das Würzen von großer Bedeutung. Allerdings können die vorgeschriebenen Gewürzmengen nur Anhaltspunkte sein. Die Geschmäcker sind bekanntlich verschieden. Mit ein bißchen Zeit und Übung lernen auch Ungeübte, mit Fingerspitzengefühl und Phantasie köstliche vegetarische Speisen zu zaubern.
Alle großen Köche wiegen ihre Gewürze nicht ab. Für die unerfahrene Hausfrau ist es empfehlenswert, zuerst mit kleinen Gewürzmengen anzufangen. So können Sie von dem einen oder anderen immer noch etwas dazugeben, denn eine überwürzte Speise kann auch vom besten Koch nicht mehr repariert werden.
Für Ihren persönlichen Gebrauch von Kräutern und Gewürzen haben wir hier einige Punkte zusammengetragen, die wissenswert sind.

Tip 1:

In vielen Rezepten wird 1 Bund Frischkräuter angegeben. Diese Menge entspricht etwa einem Eßlöffel getrockneter Kräuter.

Tip 2:

Frische Kräuter werden kurz vor Garende in die Speise gegeben, damit sie ihr gesamtes Aroma entfalten können und nicht verkochen.

Tip 3:

Die getrockneten Kräuter sollte man möglichst eine Stunde vor Gebrauch in Öl oder Alkohol legen. So können sie ihr Aroma besser in den Speisen entfalten.

Tip 4:

Getrocknete Kräuter und Gewürze sollen immer luftdicht und dunkel aufbewahrt werden. Sie verändern sonst ihr Aroma und die Würzkraft läßt nach.

Tip 5:

Wenn Sie frische Kräuter in ein feuchtes Küchentuch einschlagen und in einen Plastiksack geben, lassen sie sich gut verschlossen im Kühlschrank mehrere Tage aufbewahren.

Tip 6:

Da die Lagerzeit von getrockneten Kräutern und Gewürzen beschränkt ist (6–12 Monate), sollten Sie immer nur geringe Mengen kaufen.

Tip 7:

Ganze Gewürzkörner sollten in den Speisen nicht mitgekocht werden, außer man kann sie nach dem Garen entfernen. Gewürzt wird erst kurz vor dem Servieren mit frisch gemahlenen oder geschroteten Gewürzen.

Tip 8:

Verschiedene Kräuter und Gewürze sollen nie im gleichen Behälter gelagert werden, damit sich ihre Aromastoffe nicht vermischen.

Tip 9:

Grundsätzlich gilt, daß immer nur soviel Kräuter oder Gewürze in eine Speise kommen, um den Eigengeschmack der Speise zu unterstützen und zu verfeinern.

Tip 10:

Fast jeder Haushalt hat einen sonnigen Fensterplatz, wo Kräuter im Topf oder in einem Blumenkasten gezogen werden können. Nach jedem Schneiden treiben die Kräuter erneut aus, und Sie haben immer frische Kräuter zur Hand.

Basilikum
Fast über ganz Europa ist dieses Kraut verbreitet. Bei uns ist es auch unter dem Namen Königskraut bekannt und dient als erstklassiges Küchengewürz. An trokkenen Standorten, an sonnigen Hängen mit Kalkböden gedeiht Basilikum besonders gut. Basilikum wirkt auch beruhigend auf den Magen-Darm-Trakt.

Beifuß
Dieser Verwandte des Wermuthkrautes ist auch ein vorzügliches Küchenkraut. Verwendet wird der Beifuß für alle Kartoffel-, Zwiebel- und Eintopfgerichte.

Brunnenkresse
Diese Pflanze hat in der Feinschmeckerküche schon lange ihren Stammplatz. Wer die Augen aufmacht, der kann die Brunnenkresse noch an Bächen, Wassergräben oder an Quellen finden. Verwenden Sie aber nur die jungen Triebe, denn die schmecken am besten.

Knoblauch
Schon in der Antike war der Knoblauch das Symbol für Gesundheit und Fruchtbarkeit. Er fördert die Verdauung und beeinflußt den Kreislauf und die Durchblutung. Verwendet wird der Knoblauch in allen Küchen der Welt, mal mehr und mal weniger. Fein gehackt und mit Salz zerrieben, breitet er sein Aroma in der gesamten Speise aus. Wer nur einen Hauch an seinen Gerichten haben will, der braucht nur die Schüsseln, Teller oder Pfannen mit einer Zehe auszureiben.

Lavendel
Bei uns kann man den Lavendel leider nur als Gartenkraut bekommen, doch auch damit lassen sich ausgezeichnete Gelees, Marmeladen, Öle oder Weine herstellen. Verwendet werden dafür die jungen Blüten, die getrockneten bekommen Sie übrigens im Reformhaus.

Curry
Unter Curry verstehen wir eine Mischung aus verschiedenen Gewürzen. Die Hauptzutaten dieses Pulvers sind:
Schwarzer Pfeffer, Nelken, Zimt, Sternanis, Kreuzkümmel, Koriander, Fenchel, Sesam und Senfkörner, sowie Ingwer als auch Kurkuma.
Je nach Zusammensetzung kann der Curry mild bis scharf sein.

Kümmel
Kümmel gehört zur Familie der Doldengewächse. Er wird meist für Speisen verwendet, die fettreich und deshalb schwer verdaulich sind, wie z. B. für alle Kohlgerichte, für Hülsenfrüchte, fettes Fleisch und Geflügel. Eine andere Verwendungsmöglichkeit bietet er bei Backwaren, wie Brot-, Salz- und Käsegebäck.

Lorbeer
Lorbeerblätter dürfen in unserer Küche nicht fehlen. Für das Gewürz werden nur junge Blätter gepflückt und getrocknet. Meist reicht ½–1 Blatt aus, um den Speisen den Geschmack zu verleihen. Lorbeer wird besonders im Kochsud verwendet und ist ein vielseitiges Gewürz. Ob für Gemüsetöpfe, Getreideaufläufe, Soßen, Ragouts u. a., der Lorbeer paßt immer.

Majoran

Auch Majoran zählt zu den Kräutern, die in Ihrer Küche eigentlich nicht fehlen dürfen. Majoran stammt aus dem Mittelmeergebiet, wo er auch wild wächst und Oregano heißt. Verwendet wird dieses Kraut zu allen deftigen Gerichten.

Muskat

Zum Würzen werden die Muskatnüsse mit einer Reibe frisch gemahlen. Muskat kann für alle Gemüsesorten verwendet werden, allerdings immer nur in kleinen Mengen. Eine Prise reicht oft aus, da er sehr intensiv würzt.

Paprika

Es gibt verschiedene Arten von Paprikapulver. Eine besonders scharfe Paprikaart sind der Chilipfeffer und der Cayennepfeffer. Paprikapulver wird in verschiedenen Schärfegraden angeboten. Delikateßpaprika ist die mildeste Sorte, die schärferen Sorten sind Edelsüß, Halbsüß, Rosenpaprika und scharfer Paprika. Verwendet wird Paprika für Ragouts, Suppen und Soßen sowie für ein Gemüsegulasch.

Meerrettich

Der Meerrettich stammt aus dem Osten Europas, wird jedoch mittlerweile in allen nördlichen Ländern angebaut. Den frisch geriebenen Meerrettich sollte man schnell verbrauchen, da er rasch sein Aroma verliert. Man benutzt den Meerrettich in Soßen, Dressings, Eintöpfen und Suppen.

Nelken

Wie der Lorbeer werden auch die Nelken zum Würzen eines Kochsuds verwendet. Eine weitverbreitete Würzmethode ist es, die Lorbeerblätter mit den Nelken auf eine halbierte Zwiebel zu stecken. Nelkenpulver wird für Suppen, Soßen und Eintöpfe verwendet. In der Süßspeisenküche und beim Backen haben die Nelken ihren Stammplatz.

Pfeffer

Auch der Pfeffer mit seinen verschiedensten Arten ist aus der Küche nicht mehr wegzudenken. Der schwarze, weiße und grüne Pfeffer wird zum Würzen verwendet. Der schwarze Pfeffer ist der getrocknete, unreife Pfeffer mit Schale, der weiße Pfeffer ist die geschälte, reife Frucht der Pfefferpflanze.
Der grüne Pfeffer ist der unreif geerntete Pfeffer. Dieser wird meist in Lake konserviert angeboten.

Pfefferminze
Diese Pflanze ist auch als kultiviertes Kraut im Handel zu bekommen. Doch weitaus besser schmeckt die milde Minze. Als Salatkraut für Suppen und Soßen ist sie eine wahre Bereicherung für die Küche. Finden können Sie die wilde Minze am Fluß- oder Seeufer oder an kleinen Bächen und Quellen.

Salbei
Der echte Salbei stammt aus dem Mittelmeerraum. Die Blätter haben einen intensiven Geschmack und sollten daher sparsam verwendet werden. Salbei wird vor allem als Tee getrunken, aber auch in allen südländischen Gemüsetöpfen, Suppen, Salaten oder Aufläufen darf er nicht fehlen. Sie können den intensiven Geschmack etwas mildern, wenn Sie Salbei in Essig oder Öl einlegen und diese dann zum Würzen benutzen.

Senf
Aus den vielen verschiedenen Senfsorten sollten Sie zum Kochen immer nur den mittelscharfen Senf verwenden. Hergestellt wird der Senf aus schwarzem oder weißem Senfmehl. Angerührt und gewürzt wird er mit Essig, Zucker, Salz, Pfeffer und verschiedenen anderen Gewürzen.

Rosmarin
Der Rosmarin stammt aus Südeuropa. Da er sehr intensiv in seiner Würzkraft ist, wird er für alle fetten Gerichte benutzt, z. B. bei Ragouts, Eintöpfen und Gulascharten. Meist wird er nur als Einzelgewürz verwendet, damit er sein Aroma voll entfalten kann.

Sauerampfer
Auch der Sauerampfer hat mittlerweile in der Küche der großen Köche seinen Stammplatz. Als Gemüse, als Würzmittel, für Salate, Soßen, Milchprodukte wie Quark und Joghurt oder für Suppen wird dieses Kraut verwendet.

Thymian
Ähnlich dem Majoran ist auch der Thymian im Mittelmeerraum beheimatet. Da er im Geschmack sehr intensiv ist, sollte er sparsam verwendet werden. Zu Suppen, Soßen, Grillgerichten und Eintöpfen paßt der Thymian ausgezeichnet.

Aus Feld und Wald in die Küche

Nicht unbedeutend für die vegetarische Küche sind Wildkräuter und -beeren. Die Heilkräfte, die aus der Natur kommen, waren schon im Altertum bekannt, heute werden sie durch unsere moderne Wissenschaft bestätigt.
Wichtig dabei ist in erster Linie das Erkennen und Bestimmen der jeweiligen Pflanze, die gesammelt werden soll. Dies ist natürlich nur möglich, wenn man sich mit diesem Thema beschäftigt. Dazu gibt es genügend erstklassige Bestimmungsbücher, die Ihnen weiterhelfen.
Wer wildwachsende Pflanzen und Früchte sammelt, sollte auf jeden Fall die bestehenden Naturschutzgesetze kennen, die einen Raubbau oder eine Ausrottung der einzelnen Pflanzen verhindern. Die beste Zeit zum Sammeln von Samen und Früchten ist die Zeit der vollen Reife. Ganze Pflanzen werden zur Zeit der Blüte und die Wurzeln nach dem Abblühen gesammelt.
Beim Sammeln sollte trockenes Wetter sein, erst dann sind die Kräuter und Beeren von bester Beschaffenheit.
Es gibt verschiedene Möglichkeiten der Weiterverarbeitung. Die wohl gebräuchlichste ist das Trocknen. Der Platz hierfür sollte staubfrei und luftig sein. Die Kräuter sollen nicht dem direkten Sonnenlicht ausgesetzt werden. Heute gibt es außerdem die Möglichkeit, die Kräuter im Herd auf einem Blech bei niedrigster Temperatur zu trocknen. Weitere Möglichkeiten sind, die frischen Blätter für Salate oder als Würzmittel zu verwenden. Tee aus frischen Kräutern ist ebenso eine Delikatesse wie der frischgepreßte Kräuter- oder Fruchtsaft.

Brennessel
Viele von uns kennen die Brennessel nur als unangenehmen Weggenossen. Doch gerade diese Pflanze ist in der Küche zu hervorragenden Suppen, Salaten oder als Gemüse zu verwenden. Brennesselblätter, wie Spinat zubereitet, sind wirklich vorzüglich. Sammeln Sie aber nur die jungen, zarten Blätter, denn die haben noch keine Haare und brennen noch nicht.

Hagebutte
Die Hagebutte ist die Frucht der Heckenrose, auch Wild- oder Hundsrose genannt. Sie ist reich an Vitamin C. Im Oktober und November ist die Erntezeit. Dann wird die Frucht zu Sirup, Marmelade oder Saft verarbeitet und selbstverständlich als Tee verwendet. Der Tee wird aus ganzen Früchten zubereitet, nur der Kopf und die Stiele werden entfernt.

Brombeeren
In vielen Gegenden Europas ist diese Waldbeere häufig anzutreffen. Die Sammelzeit der Beeren ist im August und September. Die Brombeere enthält außer Vitamin C auch einen größeren Anteil an Pektin und Fruchtzucker.

Heidelbeeren
Die Heidelbeeren oder Blaubeeren sind über ganz Europa verbreitet. Ihre Früchte sind schwarz bis graublau und sind so groß wie Erbsen. Finden können sie diese Beeren an Berghängen, in lichten Nadelwäldern oder auf der Heide.

Himbeeren
Auch diese Beeren sind in unseren Breiten leicht zu finden. Sie werden Ende Juli, Anfang August reif. Besonders wohlschmeckend sind sie, wenn sie frisch, nur leicht gezuckert, gegessen werden. Gerade in der Feinschmeckerküche werden sie auch in vielen Variationen verarbeitet. Wer kann da manchmal widerstehen, wenn es heiße Himbeeren zu Vanilleeis gibt?

Löwenzahn
Wer kennt sie nicht, die Pusteblume, die fast auf allen Wiesen zu finden ist. Aber nur wenige haben schon einmal einen Löwenzahnsalat, eine Suppe, ein Gemüse oder eine Löwenzahnsoße gegessen. Verwenden Sie die jungen feinen Löwenzahnblätter und bereiten sie diese wie anderen Blattsalat zu. Sie werden sehen, es lohnt sich.

Sanddorn
Erst in der modernen Küche ist der Sanddorn in den Reigen der eßbaren Früchte aufgenommen worden.
Früher wurde er abgelehnt, da die Früchte sehr sauer sind. Die reifen, gelbroten Beeren kann man im August und September ernten. Sanddorn ist ein ausgezeichneter Vitamin C-Spender.

Holunder
Vorzugsweise wird in der Küche der schwarze Holunder verwendet. Bekannt im süddeutschen Raum sind die Holunderküchle, dabei werden die Blütendolden in Backteig ausgebacken.
Die Beeren dagegen werden als Kompott verarbeitet. Holunder enthält neben den B-Vitaminen die Vitamine C und A. Die Blütezeit ist Ende Mai bis Anfang Juli, die Beeren können Ende August bis Ende September geerntet werden.

Preiselbeeren
Die Preiselbeeren sind nahe Verwandte der Heidelbeeren und werden daher auch manchmal als rote Heidelbeere bezeichnet. Geschätzt wird diese Beere besonders als Marmelade oder als Kompott. Die Preiselbeeren sind appetitanregend und harntreibend. Finden können Sie diese Beeren auf trockenen Böden und im Nadelholz.

Schlehdorn
Der Schlehdorn oder Dornschleh ist ein hoher Strauch mit kräftigen Dornen. Die Früchte sind schwarzblau und werden erst nach den ersten Oktoberfrösten geerntet. Durch das herbe Aroma der Früchte sind die Schlehen nicht jedermanns Geschmack. Doch für Liköre eignet sich diese Frucht sehr gut.

Vorspeisen

Gerade in der vegetarischen Küche sollten kleine leckere und leichte Vorspeisen nicht fehlen. Meist sind es Gemüse- oder Rohkostgerichte, die viele Vitamine und Mineralstoffe enthalten. Vorspeisen regen den Appetit an und öffnen den Magen für weitere Köstlichkeiten.

Italienischer Käsetopf

Sie benötigen für 4 Personen:

- ¼ l Olivenöl
- 2 Pfefferschoten
- 2–4 Knoblauchzehen
- 1 EL schwarze Pfefferkörner
- 4 Wacholderbeeren
- 1 Lorbeerblatt
- 1 Zweig Rosmarin
- 1 Zweig Thymian
- 1 Gemüsezwiebel
- 100 g Provolone
- 100 g Bel Paese
- 100 g Gorgonzola
- 100 g Schafskäse

So wird's gemacht:

1. Das Öl mit den Pfefferschoten, den Knoblauchzehen und den übrigen Gewürzen in einem Topf erhitzen, vom Feuer nehmen und erkalten lassen.
2. Die Gemüsezwiebel in Ringe schneiden und mit dem in mundgerechte Stücke geschnittenen Käse in einem Glas anrichten.
3. Das Öl darübergießen und mindestens über Nacht im Kühlschrank ziehen lassen.
4. Die Käsewürfel aus dem Öl nehmen und zum Kräuterzopf servieren.

Kräuterzopf

Sie benötigen für 4 Personen:

100 g Haferflocken
150–200 ml Buttermilch
250 g Weizenvollkornmehl
½ Päckchen Trockenhefe
2 EL Butter
1 Prise Meersalz
½ Bund Schnittlauch
½ Bund Petersilie
1 EL Majoran
1 TL Kümmel

Außerdem:

2 Eigelb
1 EL Anis
1 TL Kardamom
1 TL Kümmel

So wird's gemacht:

1. ⅔ der Haferflocken in einer Mühle oder im Mixer zerkleinern.
2. Mit der Buttermilch vermischen und 2 Stunden quellen lassen.
3. Das Mehl mit der Hefe mischen und in eine Schüssel geben.

4. Mit dem Haferflockenbrei, den restlichen Haferflocken, der Butter, dem Meersalz und den verlesenen, gewaschenen und kleingeschnittenen Kräutern sowie dem Majoran und dem Kümmel zu einem kompakten Teig verarbeiten und zugedeckt an einem warmen Ort 30 Minuten gehen lassen.
5. Den Teig nochmals gut durcharbeiten und in 3 Teile teilen.
6. Auf einer bemehlten Arbeitsfläche zu drei Strängen ausrollen und damit einen Zopf flechten.

7. Auf ein bemehltes Backblech legen, nochmals gehen lassen und im auf 220° C vorgeheizten Backofen etwa 30 Minuten backen.
8. Die Eigelbe mit etwas Wasser verrühren und den Zopf kurz vor Garende damit bestreichen, mit dem Anis, dem Kardamom und dem Kümmel bestreuen.

9. Herausnehmen, erkalten lassen und mit dem ital. Käsetopf servieren.

Süß-saure Spinatnudeln

Sie benötigen für 4 Personen:

Für den Teig:

400 g feingemahlenes Weizenvollkornmehl
4 Eier
1 Prise Meersalz
1–2 EL Olivenöl
Milch
2 Eier
1 Packung Blattspinat (TK-Produkt)
1 mittelgroße Zwiebel
3–4 EL Semmelbrösel
Meersalz
frisch gemahlenen Pfeffer

Für die Soße:

2 Zwiebeln
1 Bund Schnittlauch
½ Bund Petersilie
½ Bund Estragon
2 hartgekochte Eier
½ Tasse Obstessig
1 Tasse Gemüsebrühe
2 EL Olivenöl
1 EL mittelscharfen Senf
Saft von ½ Zitrone
1 EL Orangenmarmelade

So wird's gemacht:

1. Das Mehl auf ein Nudelbrett sieben und in die Mitte eine Mulde drücken.
2. Die Eier hineingeben und mit dem Salz und dem Olivenöl zu einem geschmeidigen Teig verarbeiten, eventuell noch etwas Milch dazugeben.
3. Zugedeckt an einer kühlen Stelle mindestens ½ Stunde ruhen lassen.
4. Dann auf einer bemehlten Arbeitsfläche dünn ausrollen und 15 Minuten ruhen lassen.
5. In der Zwischenzeit die Eier trennen, das Eigelb mit dem aufgetauten Blattspinat, der feingehackten Zwiebel, den Semmelbröseln und Salz und Pfeffer verarbeiten.
6. Den Teig in kleine Quadrate schneiden und die Hälfte davon mit dem Spinat belegen.

7. Die Ränder mit dem Eiweiß bestreichen und mit den restlichen Teigquadraten abdecken und gut festdrücken.

8. Die Teigtaschen in Salzwasser 10–15 Minuten kochen, herausnehmen, gut abtropfen und erkalten lassen.
9. Für die Soße die feingehackten Zwiebeln mit den verlesenen, gewaschenen und kleingeschnittenen Kräutern sowie den gehackten Eiern in einer Schüssel vermischen.
10. Den Obstessig, die Gemüsebrühe, das Olivenöl, den Senf, den Zitronensaft und die Orangenmarmelade unterziehen, mit Salz und Pfeffer abschmecken.
11. Die Spinatnudeln auf Tellern anrichten, mit der Soße überziehen und servieren.

Bozener Gemüseauflauf

Sie benötigen für 4 Personen:

- 3 EL Butter oder ungehärtete Pflanzenmargarine
- 1 Gemüsezwiebel
- 1 mittelgroße Zucchini
- 1 kleine Salatgurke
- 2 große Fleischtomaten
- 1 Aubergine
- Meersalz
- 1 Bund Oregano
- 1 Bund Schnittlauch
- frisch gemahlenen Pfeffer

Für die Soße:

- 40 g Butter oder ungehärtete Pflanzenmargarine
- 3–4 EL Vollkornmehl
- ½ l Milch
- 1 Prise Muskat
- 50 g Parmesankäse

Außerdem:

- 125 g Mozzarella

So wird's gemacht:

1. Eine feuerfeste Form ausfetten.
2. Die Zwiebel, die Zucchini, die Salatgurke und die geschälten Tomaten in Scheiben schneiden.
3. Die Aubergine ebenfalls in Scheiben schneiden und leicht salzen.
4. Die Kräuter verlesen und fein schneiden.
5. Das Gemüse schichtweise in die Auflaufform legen und jede Schicht mit Oregano und Schnittlauch bestreuen, salzen und pfeffern.
6. Für die Soße die Butter oder die Margarine in einem Topf erhitzen und das Mehl darin anschwitzen.
7. Die Milch unter ständigem Rühren dazugießen, die Soße aufkochen lassen und so lange rühren, bis eine sämige Soße entstanden ist.
8. Mit Meersalz, Pfeffer, dem Muskat und dem Parmesan würzen.
9. Die Soße über das Gemüse verteilen und mit dem in Scheiben geschnittenen Mozzarella belegen.

10. Im auf 200° C vorgeheizten Backofen 20–30 Minuten garen, herausnehmen und sofort servieren.

Der Tip

Sie können natürlich auch andere Gemüsesorten wie Blumenkohl und Brokkoli für diesen Auflauf verwenden. Festere Gemüsearten sollten aber vor dem Backen kurz blanchiert werden.

Champignonteilchen

Sie benötigen für 4 Personen:

4 Scheiben Blätterteig (TK-Produkt)

Für die Füllung:

2 EL Butter oder ungehärtete Pflanzenmargarine
1 mittelgroße Zwiebel
400 g frische Champignons
½ Bund Schnittlauch
½ Bund Petersilie
1 Kästchen Kresse
3 Eier
Meersalz
frisch gemahlenen Pfeffer
1 Prise Muskat

Außerdem:

1 Eigelb
1 Päckchen geriebenen Parmesan

So wird's gemacht:

1. Die angetauten Blätterteigscheiben auf einer bemehlten Arbeitsfläche dünn ausrollen.

2. Die Butter oder Margarine in einer Pfanne erhitzen und die feingehackte Zwiebel darin glasig schwitzen.
3. Die geputzten und in Scheiben geschnittenen Champignons dazugeben und kurz mitschwitzen.
4. Die verlesenen, gewaschenen und feingeschnittenen Kräuter unterziehen.
5. Die Eier verschlagen, salzen, pfeffern und mit dem Muskat würzen. Über die Champignons verteilen und unter ständigem Rühren stocken lassen.
6. Vom Feuer nehmen und erkalten lassen.
7. Die Champignon-Ei-Masse auf den Blätterteigscheiben verteilen, zusammenklappen und die Ränder gut festdrücken.

8. Auf ein nasses Backblech legen und im auf 200° C vorgeheizten Backofen 20 Minuten backen.
9. Kurz vor Garende die Teilchen mit dem mit Wasser verrührten Eigelb bestreichen und mit dem Parmesan bestreuen.
10. Herausnehmen und warm oder kalt servieren.

Der Tip

Anstelle der Champignos können Sie auch andere Pilzsorten verwenden.

Kresse-Apfel in Weißwein

Sie benötigen für 4 Personen:

4 mittelgroße säuerliche Äpfel
Saft von einer Zitrone
2 EL Butter oder ungehärtete Pflanzenmargarine
100 g Walnüsse
2 EL eingeweichte Rosinen
50 g geriebenen Emmentaler
Meersalz
frisch gemahlenen Pfeffer

Außerdem:

Öl zum Ausfetten
1 Tasse Weißwein
100 g Garten- oder Brunnenkresse
einige Spritzer Estragonessig

So wird's gemacht:

1. Die Äpfel waschen, halbieren und das Kerngehäuse herauslösen, mit dem Zitronensaft beträufeln.
2. Die Butter oder Margarine mit den gehackten Nüssen, den Rosinen und dem Emmentaler vermischen, mit Meersalz und Pfeffer würzen und die Apfelhälften damit bedecken.
3. Eine feuerfeste Form ausfetten und die gefüllten Äpfel hineinlegen.
4. In den auf 220° C vorgeheizten Ofen schieben und 15 Minuten backen.
5. Mit dem Weißwein ablöschen und nochmals 5 Minuten ziehen lassen.
6. Herausnehmen, auf einem Teller anrichten und die verlesene, gewaschene Kresse rundherum garnieren.
7. Die Kresse mit Estragonessig beträufeln und sofort servieren.

Exotischer Fruchtcocktail

Sie benötigen für 4 Personen:

1 Avocado
1 Grapefruit
1 Papaya
1 Kiwi
1 Bund Frühlingszwiebeln
200 g jungen Gouda
100 g Kaiserkirschen
3 EL Obstessig
2 EL Nußöl
Meersalz
frisch gemahlenen Pfeffer
1 Prise Zucker
1 Schuß Sekt
einige Spritzer Angostura

So wird's gemacht:

1. Die Avocado schälen, entkernen und in Scheiben schneiden.
2. Die Grapefruit filetieren.
3. Die Papaya schälen, halbieren, die Kerne herauslösen und ebenfalls in Scheiben schneiden.
4. Die Kiwis schälen und in Scheiben schneiden.
5. Die Frühlingszwiebeln putzen, waschen und in dünne Ringe schneiden.
6. Den in kleine Würfel geschnittenen Käse und die Kaiserkirschen mit den übrigen Zutaten in einer Schüssel vorsichtig vermischen.
7. Den Obstessig mit dem Nußöl glattrühren, mit Salz, Pfeffer und dem Zucker kräftig abschmecken.
8. Den Salat damit mischen und 15–20 Minuten im Kühlschrank ziehen lassen.
9. In Cocktailgläsern anrichten, je einen Schuß Sekt zum Salat geben, mit Angostura beträufeln und sofort servieren.

Der Tip

Zu dieser festlichen Vorspeise paßt frisch gebackenes Weizenvollkornbrot oder Stangenweißbrot, das mit etwas Kräuterbutter bestrichen wird.

Gemüsesnacks mit Tomatensoße

Sie benötigen für 4 Personen:

200 g Brokkoliröschen
200 g Blumenkohlröschen
200 g Karotten
200 g Sellerie

Für den Teig:

125 g Vollkornmehl
1 Tasse Bier
1 EL Olivenöl
1 TL Zucker
1 Prise Salz
1 Eigelb
1 Eiweiß
Öl zum Fritieren

Für die Soße:

4 Tomaten
2 EL Butter oder ungehärtete Pflanzenmargarine
1 Zwiebel
2 EL Tomatenmark
2 EL Vollkornmehl
1 Tasse Weißwein
1 Tasse Gemüsebrühe
1 Tasse Sahne
Salz
frisch gemahlenen Pfeffer
1 Prise Zucker
½ Bund Oregano

So wird's gemacht:

1. Das Gemüse putzen und in mundgerechte Stücke teilen oder schneiden.
2. Das Gemüse in kochendem Salzwasser 5–10 Minuten blanchieren, herausnehmen, gut abtropfen lassen.
3. Für den Teig das Mehl mit dem Bier, dem Öl, dem Zucker, dem Salz und dem Eigelb in einer Schüssel zu einem Teig verrühren. (Bei der Verwendung von Vollkornmehl den Teig mindestens 15 Minuten quellen lassen.)
4. Das Eiweiß steif schlagen und unter den Teig heben.
5. Das Gemüse im Teig wenden und im heißen Öl goldgelb ausbacken.
6. Für die Soße die enthäuteten, entkernten Tomaten mit der Butter oder Margarine und der feingehackten Zwiebel in einem Topf 5 Minuten dünsten.

7. Das Tomatenmark dazugeben und verrühren, mit dem Mehl bestäuben, unter ständigem Rühren mit dem Weißwein ablöschen und mit der Gemüsebrühe auffüllen.

8. Zugedeckt bei mittlerer Hitze 5 Minuten köcheln lassen, dabei häufig umrühren.
9. Die Sahne dazugeben, mit Salz, Pfeffer und Zucker abschmecken und die Soße weitere 5 Minuten kochen.
10. Den verlesenen, frisch gehackten Oregano unter die Soße ziehen und auf Tellern anrichten.
11. Die Gemüsestückchen auf die Soße legen und sofort servieren.

Kräuterfrischkäse in der Tomate

Sie benötigen für 4 Personen:

8 kleine Tomaten
Meersalz
frisch gemahlenen Pfeffer

Für die Füllung:

150 g Doppelrahmfrischkäse
2 EL Crème fraîche
1 Knoblauchzehe
½ TL Salz
2 EL geschnittenen Schnittlauch
2 EL gehackte Petersilie
2 EL gehackte Zitronenmelisse
2 EL gehackte Kresse
Saft von einer halben Zitrone
einige Tropfen Worcestersoße

Außerdem:

1 kleinen Kopf Radicchio
2 kleine Stauden Chicorée
einige Tropfen Himbeeressig
einige Tropfen Olivenöl

So wird's gemacht:

1. Von den Tomaten eine Haube abschneiden und mit einem Teelöffel aushöhlen. Auf ein Gitter setzen und austropfen lassen.
2. Anschließend salzen und pfeffern.
3. Für die Füllung den Frischkäse mit der Crème fraîche, der mit dem Salz zerriebenen Knoblauchzehe, den Kräutern und dem Zitronensaft glattrühren.
4. Mit Salz, Pfeffer und Worcestersoße abschmecken, die Masse in die Tomaten füllen.
5. Den Radiccio und die Chicoréestauden putzen, waschen und in dünne Streifen schneiden.
6. Den Salat auf einem Teller anrichten, mit Himbeeressig und Olivenöl beträufeln, salzen und pfeffern.
7. Die gefüllten Tomaten darauf anrichten und servieren.

Suppen und Eintöpfe

Eine leichte Gemüsesuppe kann die Vorspeise ersetzen oder der zweite Gang in einem vegetarischen Menü sein.
Deftige Eintöpfe mit Kartoffeln, Sojafleisch oder Hülsenfrüchten sind dagegen eine vollwertige Hauptmahlzeit.

Gärtnerinnensuppe

Sie benötigen für 4 Personen:

2 EL Butter oder ungehärtete Pflanzenmargarine
1 Zwiebel
100 g junge Erbsen
2 kleine Karotten
½ kleine Sellerieknolle
1 Stange Lauch
½ kleine Salatgurke
1 Tasse Weißwein
½ l Gemüsebrühe
40 g Butter oder ungehärtete Pflanzenmargarine
40 g Vollkornmehl
4 EL Crème fraîche
Meersalz
frisch gemahlenen Pfeffer
1 Prise Muskat
1 Bund Schnittlauch

So wird's gemacht:

1. Die Butter oder Margarine in einem Topf erhitzen und die feingehackte Zwiebel darin glasig dünsten.
2. Das Gemüse putzen, waschen, in Stücke schneiden und kurz mitdünsten.

3. Mit dem Weißwein ablöschen und mit der Gemüsebrühe auffüllen, zugedeckt bei mittlerer Hitze 8–10 Minuten köcheln lassen.
4. In der Zwischenzeit die Butter oder Margarine mit dem Mehl verkneten.
5. Die Mehlbutter unter die Suppe geben und weitere 10 Minuten köcheln lassen.
6. Die Suppe mit der Crème fraîche verfeinern und mit Meersalz, Pfeffer und dem Muskat abschmecken.

7. Mit dem gehackten Schnittlauch bestreuen und servieren.

Kohlrabisuppe mit Champignons

Sie benötigen für 4 Personen:

2 mittelgroße Kohlrabi
2 EL Butter oder ungehärtete Pflanzenmargarine
1 mittelgroße Zwiebel
1 Tasse Weißwein
4 reife Tomaten
3/8 l Gemüsebrühe
Meersalz
frisch gemahlenen Pfeffer
1 TL Paprikapulver
1 TL Curry
1 TL Oregano
200 g frische Champignons
1 Kästchen Kresse
50 g gefüllte Oliven
50 g gehackte Walnüsse
1 Tasse Crème fraîche

So wird's gemacht:

1. Die Kohlrabi schälen und in kleine Streifen schneiden.

2. Die Butter oder Margarine in einem Topf erhitzen und die feingehackte Zwiebel sowie die Kohlrabi darin glasig dünsten.

3. Mit dem Weißwein ablöschen und mit den enthäuteten und gewürfelten Tomaten und der Gemüsebrühe auffüllen.

4. Die Suppe zum Kochen bringen, mit Meersalz, Pfeffer, dem Paprika, dem Curry und dem Oregano abschmecken und bei mittlerer Hitze zugedeckt 8–10 Minuten kochen.

5. Die geputzten, gewaschenen und in Scheiben geschnittenen Champignons in die Suppe geben.

6. Die Kresse verlesen, mit den in Scheiben geschnittenen Oliven und den Walnüssen zu der Suppe geben, nochmals aufkochen lassen, anrichten und jede Portion mit einem Eßlöffel Crème fraîche servieren.

Der Tip

Bereiten Sie Ihre Gemüsebrühe am besten selbst zu. Größere Mengen frieren Sie im Eiswürfelbehälter und bewahren dann die Gemüsebrühwürfel im Tiefkühlgerät auf. So haben Sie immer frische Gemüsebrühe zur Hand.

Scharfer Gemüseeintopf

Sie benötigen für 4 Personen:

4 EL Butter oder ungehärtete Pflanzenmargarine
1 Bund Frühlingszwiebeln
1 rote Paprikaschote
1 grüne Paprikaschote
1 Zucchini
2–3 Stangen Staudensellerie
2 EL Tomatenmark
4 Tomaten
3/4 l Gemüsebrühe
2 EL Sangrita pikante
Meersalz
frisch gemahlenen Pfeffer
1 Prise Zucker
1 TL Basilikum
1 TL Oregano
2 Knoblauchzehen
1 TL Salz
einige Tropfen Tabasco
200 g Eier- oder Vollkornnudeln (Suppennudeln)

So wird's gemacht:

1. Die Butter oder Margarine in einem Topf erhitzen und die in dünne Streifen geschnittenen Frühlingszwiebeln darin glasig dünsten.
2. Die geputzten, gewaschenen und in Streifen geschnittenen Paprikaschoten sowie die in Scheiben geschnittene Zucchini und den kleingeschnittenen Staudensellerie dazugeben und ebenfalls kurz mitdünsten.

3. Das Tomatenmark unterrühren, die enthäuteten, entkernten und in Würfel geschnittenen Tomaten dazugeben.
4. Mit der Gemüsebrühe und dem Sangrita auffüllen, mit Meersalz, Pfeffer, dem Zucker, dem Basilikum, dem Oregano und den mit Salz zerriebenen Knoblauchzehen würzen.
5. Die Suppe zugedeckt bei mittlerer Hitze 15 Minuten köcheln lassen.
6. Nochmals abschmecken, mit Tabasco schärfen, die gekochten Nudeln in die Suppe geben und servieren.

Chinesische Reissuppe

Sie benötigen für 4 Personen:

3 EL Sesamöl
1 Bund Frühlingszwiebeln
1 rote Paprikaschote
1 Karotte
1 Stück Sellerie
150 g Sojabohnenkeimlinge
100 g eingeweichte chinesische Morcheln
2 Knoblauchzehen
1 TL Meersalz
2 EL Sojasoße
2 EL Obstessig
2 EL Honig
3/4 l Gemüsebrühe
4 cl Sherry
200 g gekochten wilden Reis oder Naturreis
Meersalz
frisch gemahlenen Pfeffer
1 Bund Schnittlauch
1 hartgekochtes Ei

So wird's gemacht:

1. Das Sesamöl in einem Topf erhitzen und das geputzte, gewaschene und in Streifen geschnittene Gemüse darin scharf anbraten.
2. Die Sojabohnenkeimlinge und die in feine Streifen geschnittenen Pilze dazugeben und kurz andünsten.
3. Die Knoblauchzehen mit dem Meersalz zerreiben, zum Gemüse geben, mit der Sojasoße, dem Obstessig und dem Honig würzen.

4. Mit der Gemüsebrühe auffüllen und zugedeckt bei mittlerer Hitze 8–10 Minuten köcheln lassen.
5. Mit Sherry abschmecken und den Reis in die Suppe geben.
6. Mit Meersalz und Pfeffer abschmecken.
7. Die Suppe anrichten, mit dem gehackten Schnittlauch und gehacktem Ei bestreut servieren.

Der Tip

Verwenden Sie, wenn möglich, frische Sojabohnenkeimlinge, die in den meisten großen Lebensmittelgeschäften zu finden sind Noch besser ist es, wenn Sie die Keimlinge selber aus getrockneten Sojabohnen ziehen.

Deftiger Bohnentopf

Sie benötigen für 4 Personen:

3 EL Butter oder ungehärtete Pflanzenmargarine
2 mittelgroße Zwiebeln
2 Karotten
250 g Kartoffeln
250 g frische grüne Bohnen
2 EL Tomatenmark
1 Tasse Weißwein
3/4 l Gemüsebrühe
Meersalz
frisch gemahlenen Pfeffer
1 TL Bohnenkraut
1 Msp. Kümmel
1 TL Majoran
1 kleine Dose weiße Bohnen
4 Scheiben Soja-zart
1–2 EL Speisestärke
1 Tasse Crème fraîche
2 Tomaten
100 g geriebenen Parmesankäse
1/2 Bund Schnittlauch

So wird's gemacht:

1. Die Butter oder Margarine in einem Topf erhitzen und die feingehackten Zwiebeln darin glasig dünsten.
2. Die geschälten Karotten und Kartoffeln in kleine Würfel schneiden, mit den geputzten, gewaschenen und kleingeschnittenen Bohnen zu den Zwiebeln geben und kurz mitschwitzen.
3. Das Tomatenmark unterrühren, mit dem Weißwein ablöschen und mit der Gemüsebrühe auffüllen. Zugedeckt bei mittlerer Hitze etwa 15 Minuten köcheln lassen.
4. Mit Meersalz, Pfeffer, dem Bohnenkraut, dem Kümmel und dem Majoran würzen.
5. Die abgetropften weißen Bohnen und das in kleine Würfel geschnittene Soja-zart dazugeben und erhitzen.
6. Die Speisestärke mit der Crème fraîche glattrühren und die Suppe damit binden.
7. Die enthäuteten, entkernten und in Stücke geschnittenen Tomaten mit dem Parmesan unter die Suppe ziehen.
8. Nochmals abschmecken, die Suppe anrichten und mit frisch gehacktem Schnittlauch bestreut servieren.

Rote-Bete-Kessel

Sie benötigen für 4 Personen:

3 EL Sesamöl
5 Scheiben Soja-zart
1 Zwiebel
1 kleine Stange Lauch
1 mittelgroße rote Bete
½ l Gemüsebrühe
150 g Erbsen
1 kleine Dose Mais
1 kleine Salatgurke
1 Tasse Sahne
1 Tasse Crème fraîche
1–2 EL Speisestärke
Meersalz
frisch gemahlenen Pfeffer
1 TL gem. Kümmel
1 Prise Zucker
1 Röhrchen Kapern
1 Bund Schnittlauch

So wird's gemacht:

1. Das Öl in einem Topf erhitzen und das in Würfel geschnittene Soja-zart darin anbraten.
2. Die in kleine Würfel geschnittene Zwiebel und den geputzten, gewaschenen, in Streifen geschnittenen Lauch dazugeben und glasig dünsten.
3. Die rote Bete schälen und fein reiben, zusammen mit den Erbsen zum Lauch geben und mitdünsten.

4. Mit der Gemüsebrühe auffüllen und 10 Minuten köcheln lassen.
5. Den Mais gut abtropfen lassen und mit der kleingeschnittenen Salatgurke, der Sahne und der Crème fraîche zu der Suppe geben und weitere 5 Minuten köcheln lassen.

6. Mit etwas angerührter Speisestärke binden, mit Meersalz, Pfeffer, dem Kümmel und dem Zucker abschmecken.
7. Die Kapern unter die Suppe ziehen, nochmals erhitzen und anrichten.
8. Mit frisch gehacktem Schnittlauch bestreut servieren.

Kräuterkrapfen

Sie benötigen für 4 Personen:

Für den Teig:

250 g Mehl
1 Ei
1 EL Öl
etwa 1 Tasse Wasser
1 Prise Meersalz

Für die Füllung:

2 EL Butter oder Margarine
200 g Frühlingszwiebeln
1 Bund Petersilie
1 Bund Schnittlauch
1 Tasse geröstete Grahambrotwürfel
2 Eier
Meersalz
frisch gemahlenen Pfeffer
1 Prise Muskat

Außerdem:

2 Eigelb
1 l Gemüsebrühe

So wird's gemacht:

1. Das Mehl mit dem Ei, dem Öl, dem Wasser und dem Meersalz zu einem kompakten Teig verarbeiten und im Kühlschrank mindestens 30 Minuten ruhen lassen.
2. In der Zwischenzeit die Butter oder Margarine in einer Pfanne erhitzen und die kleingeschnittenen Frühlingszwiebeln darin glasig dünsten.
3. Die verlesenen, gewaschenen und kleingeschnittenen Kräuter mit den Brotwürfeln unterziehen.
4. Die verschlagenen Eier dazugeben, mit Salz, Pfeffer und dem Muskat würzen und unter ständigem Rühren das Ei stokken lassen.
5. Den Teig auf einer bemehlten Arbeitsfläche dünn ausrollen und Quadrate oder Rechtecke ausschneiden.

6. Diese Teigplatten zur Hälfte mit der Masse belegen.
7. Die Ränder mit Eigelb bestreichen und die restlichen Teigplatten daraufsetzen.
8. Die Ränder fest zusammendrücken und in der Gemüsebrühe etwa 10 Minuten garziehen lassen.
9. Die Kräuterkrapfen anrichten, mit etwas Gemüsebrühe begießen und servieren.

Tomatensuppe mit Grießnockerln

Sie benötigen für 4 Personen:

Für die Suppe:

600 g reife Tomaten
2 EL Butter oder ungehärtete Pflanzenmargarine
1 große Zwiebel
2 EL Tomatenmark
1 EL Vollkornmehl
½ l Gemüsebrühe
1 Tasse Crème fraîche
Meersalz
frisch gemahlenen Pfeffer
1 Bund Pfefferminze

Für die Grießnockerln:

60 g Butter
1 Ei
120 g Grieß
Meersalz
frisch gemahlenen weißen Pfeffer
Öl

Außerdem:

1 Bund Schnittlauch

So wird's gemacht:

1. Die Tomaten enthäuten und kleinschneiden.
2. Die Butter oder Margarine in einem Topf erhitzen und die feingehackte Zwiebel darin glasig dünsten.
3. Die Tomaten dazugeben, das Tomatenmark unterziehen, mit dem Mehl bestäuben und unter ständigem Rühren mit der Gemüsebrühe auffüllen.
4. Bei mittlerer Hitze 10–15 Minuten köcheln lassen. Die Suppe anschließend durch ein Sieb streichen oder mit dem Mixer pürieren.
5. In einem Topf nochmals erhitzen, mit der Crème fraîche verfeinern, mit Meersalz und Pfeffer würzen und die feingehackte Pfefferminze unterziehen.
6. Für die Nockerln die Butter schaumig schlagen, das Ei und den Grieß unterziehen.

7. Mit Meersalz und Pfeffer abschmecken und zugedeckt etwa 10 Minuten ziehen lassen.
8. Anschließend mit einem Teelöffel aus der Masse gleichmäßige Nockerln formen und diese auf einem geölten Teller im Kühlschrank nochmals 20 Minuten ruhen lassen.

9. Erst dann in kochendem Salzwasser 10 Minuten vorsichtig garziehen lassen.
10. Die Tomatensuppe anrichten, die Nockerln aus dem Salzwasser nehmen, gut abtropfen lassen, in die Suppe geben und sofort mit dem gehackten Schnittlauch servieren.

Der Tip

Die Grießnockerln können Sie auch als Einlage für alle anderen Gemüsesuppen verwenden.

Früchteeintopf

Sie benötigen für 4 Personen:

2 EL Sesamöl
1 Zwiebel
1 kleine Stange Lauch
2 Karotten
1 rote Paprikaschote
1 grüne Paprikaschote
1 kleinen Chinakohl
2 Orangen
2 Grapefruits
1 l Gemüsebrühe
Meersalz
frisch gemahlenen Pfeffer
1 Prise Muskat
1 Prise Ingwer
1 TL Kümmel
½ TL Honig
½ Bund Petersilie
½ Bund Schnittlauch

So wird's gemacht:

1. Das Öl in einem Topf erhitzen und die kleingewürfelte Zwiebel darin glasig dünsten.
2. Den Lauch und die Karotten putzen und in dünne Scheiben schneiden.
3. Die Paprikaschoten putzen, entkernen und in dünne Streifen schneiden.
4. Den Lauch, die Karotten und die Paprikaschoten zu den Zwiebeln geben und kurz mitdünsten.
5. Den Chinakohl vierteln, den Strunk entfernen, waschen, gut abtropfen lassen, in feine Streifen schneiden, zum Gemüse geben und ebenfalls kurz mitdünsten.
6. Die Orangen und die Grapefruits schälen und filieren, zum Gemüse geben und mit der Gemüsebrühe auffüllen.
7. Mit Meersalz, Pfeffer, dem Muskat, dem Ingwer, dem Kümmel und dem Honig würzen und bei mittlerer Hitze 15 Minuten köcheln lassen.
8. Nochmals abschmecken und mit den gehackten Kräutern bestreut servieren.

Eierflaumsüppchen

Sie benötigen für 4 Personen:

2 EL Sesamöl
1 Zwiebel
1 Karotte
1 kleine Stange Lauch
100 g eingeweichte chinesische Morcheln
3/4 l Gemüsebrühe
2 EL Sojasoße
1 Prise Ingwerpulver
Meersalz
frisch gemahlenen Pfeffer
1 Prise Zucker
4 cl Sherry
4 Eiweiß
4 Eigelb
1 Bund Schnittlauch

So wird's gemacht:

1. Das Öl in einem Topf erhitzen und die in Scheiben geschnittenen Zwiebeln darin glasig dünsten.
2. Die Karotte schälen, den Lauch putzen und die chinesischen Morcheln in dünne Streifen schneiden.

3. Zu den Zwiebeln geben und kurz mitdünsten.
4. Mit der Gemüsebrühe auffüllen, mit der Sojasoße, dem Ingwer, Meersalz, Pfeffer und dem Zucker abschmecken und zugedeckt 5 Minuten köcheln lassen.
5. Mit Sherry aromatisieren, das Eiweiß verquirlen und durch ein Sieb in die kochende Suppe geben.
6. Weitere 5 Minuten köcheln lassen.
7. Die Suppe auf 4 Teller verteilen, mit je 1 Eigelb garnieren und mit frisch gehacktem Schnittlauch bestreut servieren.

Mimis Salatsüppchen

Sie benötigen für 4 Personen:

2 EL Butter oder ungehärtete Pflanzenmargarine
1 mittelgroße Zwiebel
1 Kopfsalat
½ l Gemüsebrühe
Meersalz
frisch gemahlenen Pfeffer
1 Prise Muskat
1 Tasse Sahne

Außerdem:

Essigwasser
4 Eier
1 Bund Kerbel

So wird's gemacht:

1. Die Butter oder Margarine in einem Topf erhitzen, die feingehackte Zwiebel darin glasig dünsten.
2. Den verlesenen, gewaschenen und zerpflückten Kopfsalat dazugeben.
3. Mit der Gemüsebrühe auffüllen und im Mixer oder mit dem Handmixer pürieren.
4. In einem Topf nochmals erhitzen, mit Salz, Pfeffer und dem Muskat abschmecken und mit Sahne verfeinern.
5. Die Eier im Essigwasser pochieren.
6. Die Suppe anrichten, je 1 pochiertes Ei dazugeben und mit dem feingehackten Kerbel bestreut servieren.

Hauptgerichte

Im Mittelpunkt eines vegetarischen Menüs steht das Gemüse in Verbindung mit Getreide, Soja oder Hülsenfrüchten. Dadurch liefert es alle Nährstoffe in ausgewogener Zusammensetzung. Ob Auflauf, Ragout oder Kräuterbraten, hier sehen Sie, wie abwechslungsreich vegetarische Gerichte sind.

Deftiger Sauerkrautauflauf

Sie benötigen für 4 Personen:

3 EL Olivenöl
8 Sojawürstchen
2 Gemüsezwiebeln
1 Karotte
2 Äpfel
1 kleine Dose Sauerkraut
400 g geschälte Kartoffeln
4 Tomaten
Meersalz
frisch gemahlenen Pfeffer
1 Bund Schnittlauch
1 Bund Petersilie

Außerdem:

1 Tasse Gemüsebrühe
2 Becher saure Sahne
2–3 Eier
1 Kästchen Kresse

So wird's gemacht:

1. Das Öl in einer Pfanne erhitzen und die in Scheiben geschnittenen Sojawürstchen darin anbraten.
2. Die geschälten Gemüsezwiebeln und die Karotte in Scheiben schneiden, zu den Würstchen geben und glasig dünsten.
3. Die Äpfel schälen, entkernen, in kleine Würfel schneiden und mit dem Sauerkraut zu den Zwiebeln geben.
4. Die Kartoffeln in Würfel schneiden und die Tomaten enthäuten, entkernen und ebenfalls würfeln. Alle Zutaten vorsichtig miteinander vermischen, mit Salz und Pfeffer würzen.
5. Die verlesenen, gewaschenen und kleingeschnittenen Kräuter dazugeben und alles in eine Auflaufform füllen.
6. Die Gemüsebrühe und die saure Sahne mit den Eiern und der verlesenen, gewaschenen Kresse verrühren, salzen, pfeffern und über den Auflauf geben.
7. Die Auflaufform mit Alufolie abdecken und in den auf 200° C vorgeheizten Backofen schieben.
8. 60-65 Minuten garen, herausnehmen und sofort servieren.

Spinat-Kräuter-Braten

Sie benötigen für 4 Personen:

2 EL Butter oder ungehärtete Pflanzenmargarine
1 mittelgroße Zwiebel
500 g Spinat
8 Brötchen
1/4 l Gemüsebrühe
1/2 Bund Petersilie
1/2 Bund Schnittlauch
1/2 Bund Kerbel
1/2 Bund Estragon
2 Knoblauchzehen
1 TL Meersalz
1 Tasse Crème fraîche
4 Eier
2–3 EL Vollkornmehl
2–3 EL Semmelbrösel
Öl zum Ausfetten

So wird's gemacht:

1. Die Butter oder Margarine in einer Pfanne erhitzen und die feingehackte Zwiebel darin glasig dünsten.
2. Den Spinat verlesen, zerpflükken, zu den Zwiebeln geben und kurz mitdünsten.
3. Die Brötchen in der Gemüsebrühe gut zerdrücken.
4. Den Spinat, die verlesenen, gewaschenen und feingeschnittenen Kräuter sowie die mit dem Salz zerriebenen Knoblauchzehen dazugeben.
5. Die Crème fraîche, die Eier, das Mehl und die Semmelbrösel zu den Brötchen geben und alles zu einer kompakten Masse verarbeiten.
6. Eine Auflaufform ausfetten, die Masse hineingeben, im auf 220° C vorgeheizten Backofen 40–45 Minuten backen.

Der Tip

Diesen Kräuterbraten können Sie mit einer Tomaten- oder Käsesoße servieren.

Pfannkuchen Vier-Jahreszeiten

Sie benötigen für 4 Personen:

Für den Teig:

100 g Weizen-Vollkornmehl
¼ l Milch
4 Eier
1 Prise Salz
1 EL Olivenöl

Außerdem:

125 g frische Champignons
2 Tomaten
1 kleine Salatgurke
1 kleine Dose Mais
150 g Erbsen
Meersalz
frisch gemahlenen Pfeffer
1 Bund Oregano
125 g Mozzarella-Käse
Öl zum Braten
1 Bund Schnittlauch

So wird's gemacht:

1. Das Mehl mit der Milch, den Eiern, dem Salz und dem Öl zu einem glatten Teig verrühren und ausquellen lassen.
2. Die Champignons putzen und halbieren.
3. Die Tomaten enthäuten, entkernen und in Würfel schneiden.

4. Die Salatgurke schälen, halbieren, entkernen und in Scheiben schneiden.
5. Den Mais gut abtropfen lassen, die Erbsen in Salzwasser 5 Minuten blanchieren und alles Gemüse miteinander vermischen.
6. Mit Salz und Pfeffer würzen und den feingeschnittenen Oregano unterziehen.
7. Für eine Portion ¼ des Teiges in einer Pfanne mit etwas Öl backen, ¼ des Gemüses auf dem Teig verteilen.
8. Mit dem in kleine Würfel geschnittenen Mozzarella-Käse bestreuen, in den auf 220° C vorgeheizten Backofen geben und 5–10 Minuten backen.
9. Herausnehmen, mit dem frischgeschnittenen Schnittlauch bestreut servieren.

Gefüllte Auberginen

Sie benötigen für 4 Personen:

2 große Auberginen
3 EL Olivenöl
2 Knoblauchzehen
1 TL Meersalz
1 Zwiebel
1 Dose geschälte Tomaten
1 Tasse Gemüsebrühe

Für die Füllung:

200 g Soja-vita
150 g Magerquark
2 EL Tomatenmark
1 TL Basilikum
1 TL Oregano
2 Eier
½ Bund Schnittlauch
½ Bund Petersilie
125 g geriebenen Emmentaler
Salz
frisch gemahlenen Pfeffer

So wird's gemacht:

1. Die Auberginen halbieren und in Salzwasser 5 Minuten blanchieren.
2. In der Zwischenzeit das Olivenöl in einem Topf erhitzen und die mit dem Salz zerriebenen Knoblauchzehen sowie die feingehackte Zwiebel darin glasig dünsten.
3. Die geschälten Tomaten und die Gemüsebrühe dazugeben und zugedeckt 5 Minuten köcheln lassen.
4. Soja-vita nach Gebrauchsanweisung vorbereiten, den Quark, das Tomatenmark, die Gewürze, die Eier und die verlesenen, gewaschenen und feingeschnittenen Kräuter dazugeben und alles gut miteinander verrühren, evtl. noch mit Semmelbröseln binden.
5. Den geriebenen Emmentaler dazugeben, mit Salz und Pfeffer würzen und 20 Minuten stehenlassen.
6. Diese Masse in die Auberginenhälften füllen und anschließend in eine feuerfeste Form schichten.
7. Die Tomatensoße angießen und im auf 200° C vorgeheizten Backofen 15–20 Minuten backen, herausnehmen und sofort servieren.

Der Tip

Diese Füllung eignet sich auch für andere Gemüsesorten wie Zucchini, Schmorgurken oder kleine Kürbisse.

Krapfen in Biersoße

Sie benötigen für 4 Personen:

200 g Soja-vita
3/8 l Gemüsebrühe
150 g Magerquark
2 Eier
2 EL Erdnußöl
1 EL mittelscharfen Senf
1 TL Majoran
1 Knoblauchzehe
2 cl Weinbrand
1 Bund Petersilie
Meersalz
frisch gemahlenen Pfeffer
Öl zum Fritieren

Für die Soße:

1 Zwiebel
1 kleine Stange Lauch
2 Karotten
1 Stück Sellerie
1 EL Olivenöl
2 EL Tomatenmark
3 EL Vollkornmehl
1/4 l Gemüsebrühe
1 Glas Bier
2 EL Rübensirup
2 EL Obstessig
1 TL Majoran
1 TL Thymian

So wird's gemacht:

1. Das Soja-vita mit der Gemüsebrühe anrühren.
2. Den Magerquark, die Eier, das Öl, den Senf, den Majoran, die gehackte Knoblauchzehe, den Weinbrand und die gehackte Petersilie dazugeben und alles zu einer kompakten Masse verrühren.
3. Evtl. mit Semmelbröseln oder etwas Mehl binden, mit Salz und Pfeffer würzen.
4. Zu kleinen Krapfen formen und im heißen Öl fritieren.

5. Für die Soße das Gemüse putzen, waschen und in dünne Streifen schneiden.
6. Das Öl in einem Topf erhitzen und das Gemüse darin glasig dünsten.
7. Das Tomatenmark unterrühren, mit dem Mehl bestäuben, mit der Gemüsebrühe und dem Bier auffüllen.
8. Den Rübensirup, den Obstessig, den Majoran und den Thymian dazugeben, mit Salz und Pfeffer würzen und zugedeckt 8–10 Minuten köcheln lassen.
9. Die Krapfen anrichten, mit der Biersoße überziehen und sofort servieren.

Feiner Gemüseburger

Sie benötigen für 4 Personen:

4 Vollkornbrötchen
4 EL Remouladensoße
einige Salatblätter
einige Radicchioblätter
1 große Tomate
4 Scheiben Soja-zart
Mehl
1 Ei
½ Tasse Paniermehl
Öl zum Braten
1 Gemüsezwiebel
1 Kästchen Kresse
½ Tasse Crème fraîche
2 EL mittelscharfen Senf
Meersalz
frisch gemahlenen Pfeffer
einige Spritzer Sojasoße
1 Prise Zucker

So wird's gemacht:

1. Die Vollkornbrötchen halbieren und auf dem Grill rösten.
2. Mit der Remouladensoße bestreichen, den Salatblättern, den Radicchioblättern sowie mit der in Scheiben geschnittenen Tomate belegen.
3. Die Soja-zart-Scheiben in Mehl, in dem verquirlten Ei und dem Paniermehl wenden und anschließend auf beiden Seiten goldgelb braten.
4. Auf die Tomaten legen, mit der in Scheiben geschnittenen Zwiebel garnieren.
5. Die verlesene und gewaschene Kresse darüberstreuen.
6. Die Crème fraîche mit dem Senf glattrühren, mit Salz, Pfeffer, Sojasoße und Zucker würzen und ebenfalls auf den Gemüseburger geben.
7. Mit der zweiten Brötchenhälfte bedecken und so servieren.

Tofu Geschnetzeltes

Sie benötigen für 4 Personen:

250 g Tofu
½ l Gemüsebrühe
etwa 1 Tasse Vollkornmehl
Öl zum Braten

Außerdem:

2 EL Butter oder ungehärtete Pflanzenmargarine
1 Zwiebel
1 grüne Paprikaschote
100 g frische Champignons
1 Tasse Weißwein
1 Tasse Gemüsebrühe
1 Becher Crème fraîche
1 EL Speisestärke
Meersalz
frisch gemahlenen Pfeffer
1 Prise Muskat
einige Spritzer Sojasoße
50 g geriebenen Parmesan
1 Bund Petersilie

So wird's gemacht:

1. Den Tofu in kleine Streifen schneiden, in die erhitzte Gemüsebrühe geben und 15 Minuten ziehen lassen.

2. Herausnehmen, gut abtropfen lassen, in dem Mehl wenden und in einer Pfanne mit etwas Öl braten.
3. In der Zwischenzeit die Butter oder die Margarine in einem Topf erhitzen und die geputzte und kleingewürfelte Zwiebel und Paprikaschote darin glasig dünsten.
4. Die geputzten, gewaschenen und in Scheiben geschnittenen Champignons dazugeben, mit dem Weißwein und der Gemüsebrühe ablöschen.
5. Die Crème fraîche unterziehen und den Tofu dazugeben.
6. Bei mittlerer Hitze weitere 5–10 Minuten schmoren lassen.
7. Mit der angerührten Speisestärke binden, mit Meersalz, Pfeffer, dem Muskat und der Sojasoße abschmecken.
8. Mit dem Parmesan verfeinern und mit der feingehackten Petersilie bestreut servieren.

Rustikaler Bauerntopf

Sie benötigen für 4 Personen:

1 Beutel Sojawürfel (getrocknet)
½ l Gemüsebrühe
4 EL Butter oder ungehärtete Pflanzenmargarine
1 Zwiebel
1 Stange Lauch
2 Karotten
4 große Kartoffeln
2 EL Tomatenmark
3 EL Vollkornmehl
1 Tasse Rotwein
1 TL Majoran
1 TL Thymian
300 g gemischte Pilze
1 Tasse Sahne
100 g Edelpilzkäse
Salz
frisch gemahlenen Pfeffer
1 Bund Petersilie

So wird's gemacht:

1. Die Sojawürfel in eine Schüssel geben, mit der Gemüsebrühe übergießen und mindestens ½ Stunde quellen lassen.
2. Die Butter oder die Pflanzenmargarine in einem Topf erhitzen und die gut abgetropften Würfel darin anbraten.
3. Das geputzte und in kleine Würfel geschnittene Gemüse dazugeben und kurz mitdünsten.
4. Das Tomatenmark unterrühren, mit dem Mehl bestäuben, mit dem Rotwein und der Einweichbrühe auffüllen.
5. Mit dem Majoran und dem Thymian würzen und die geputzten Pilze dazugeben.
6. Bei mittlerer Hitze 25–30 Minuten köcheln lassen.
7. Anschließend die Sahne und den zerpflückten Edelpilzkäse dazugeben, mit Salz und Pfeffer würzen.
8. Mit der frisch gehackten Petersilie bestreuen und servieren.

Ungarisches Paprikagulasch

Sie benötigen für 4 Personen:

1 Beutel Sojawürfel (getrocknet)
½ l Gemüsebrühe
1 Tasse Rotwein
3 EL Olivenöl
250 g Champignons
2 Gemüsezwiebeln
1 rote Paprikaschote
1 grüne Paprikaschote
2 EL Tomatenmark
2 EL Vollkornmehl
2 Fleischtomaten
1 EL geriebene Zitronenschale
1 TL Meersalz
2 Knoblauchzehen
1 TL gem. Kümmel
1 EL Majoran
1 TL Paprikapulver edelsüß
Meersalz
frisch gemahlenen Pfeffer
1 Tasse saure Sahne
1 Bund Schnittlauch

So wird's gemacht:

1. Die Sojawürfel in eine Schüssel geben, mit der Gemüsebrühe und dem Rotwein übergießen und mindestens ½ Stunde quellen lassen.
2. Anschließend das Öl in einem Topf erhitzen und die gut abgetropften Sojawürfel darin kurz anbraten.
3. Die Gemüsezwiebeln, die Champignons und die Paprikaschoten putzen und in Streifen schneiden, zu den Sojawürfeln geben und kurz mitdünsten.
4. Das Tomatenmark unterziehen, mit dem Mehl bestäuben, mit der Einweichbrühe und den enthäuteten und gewürfelten Tomaten auffüllen.
5. Mit der Zitronenschale, den mit Salz zerriebenen Knoblauchzehen, dem Kümmel, dem Majoran und dem Paprikapulver würzen.
6. Bei mittlerer Hitze 25–30 Minuten köcheln lassen.
7. Mit Salz und Pfeffer abschmekken und nochmals 5 Minuten köcheln lassen.
8. Das Gulasch anrichten, mit je einem Eßlöffel saurer Sahne garnieren und mit dem frisch geschnittenen Schnittlauch bestreut servieren.

Eier in Gemüsesoße

Sie benötigen für 4 Personen:

8 hartgekochte Eier

Für die Soße:

4 EL Butter oder ungehärtete Pflanzenmargarine
1 Zwiebel
150 g frische Erbsen
4 Karotten
200 g frischen Spargel
2–3 EL Vollkornmehl
1 Tasse Weißwein
½ l Gemüsebrühe
Saft von einer Zitrone
Meersalz
frisch gemahlenen Pfeffer, Muskat
einige Spritzer Worcestersoße
½ Tasse Crème fraîche
1 Bund Schnittlauch

So wird's gemacht:

1. Die hartgekochten Eier schälen und halbieren.
2. Die Butter oder die Pflanzenmargarine in einem Topf erhitzen und die feingehackte Zwiebel darin glasig schwitzen.
3. Die geputzten Erbsen zu den Zwiebeln geben.
4. Die Karotten und den Spargel schälen und in hauchdünne Scheiben schneiden, zum Gemüse geben und kurz mitdünsten.
5. Mit dem Mehl bestäuben, mit dem Weißwein ablöschen und mit der Gemüsebrühe auffüllen.
6. Mit dem Zitronensaft, Meersalz, Pfeffer, dem Muskat und der Worcestersoße würzen.
7. Zugedeckt bei mittlerer Hitze 15 Minuten köcheln lassen.
8. Mit der Crème fraîche verfeinern, die halbierten Eier in die Soße geben und erhitzen.
9. Die Eier mit der Gemüsesoße anrichten und mit dem frischgeschnittenen Schnittlauch bestreut servieren.

Der Tip

Diese Soße paßt auch gut zu selbstgemachten Vollkornnudeln oder Hirsepuffern.

Champagnereier

Sie benötigen für 4 Personen:

8 hartgekochte Eier

Für die Soße:

4 EL Butter oder ungehärtete Pflanzenmargarine
1 Bund Frühlingszwiebeln
1 Karotte
1 Stück Sellerie
10 g chinesische Morcheln
2 Scheiben Ananas
1 EL grüne Pfefferkörner
2 EL Mehl
1/4 l Sekt oder Champagner
1 Tasse Gemüsebrühe
1 Becher Crème fraîche
Meersalz
frisch gemahlenen Pfeffer
1 Bund Schnittlauch
1/2 Bund Zitronenmelisse

So wird's gemacht:

1. Die hartgekochten Eier schälen, halbieren und bereitstellen.
2. Für die Soße die Butter oder die Pflanzenmargarine in einem Topf erhitzen und das geputzte und in dünne Streifen geschnittene Gemüse darin glasig dünsten. Die eingeweichten und gut abgetropften Pilze in Streifen schneiden und zum Gemüse geben.
3. Die Ananas fein würfeln und mit den Pfefferkörnern unter das Gemüse geben.
4. Mit Mehl bestäuben, mit dem Sekt oder dem Champagner, der Gemüsebrühe und der Crème fraîche auffüllen und gut durchkochen lassen.
5. Mit Salz und Pfeffer abschmekken und den frisch geschnittenen Schnittlauch unter die Soße heben.
6. Die Eihälften in die Soße geben und alles zusammen erhitzen.
7. Mit frisch geschnittener Zitronenmelisse bestreut servieren.

Pikante Paprikaeier

Sie benötigen für 4 Personen:

Für die Soße:

4 EL Butter oder ungehärtete Pflanzenmargarine
1 Zwiebel
1 rote Paprikaschote
1 grüne Paprikaschote
1 gelbe Paprikaschote
1 Tasse Gemüsebrühe
1 Dose geschälte Tomaten
Meersalz
frisch gemahlenen Pfeffer
1 TL Paprikapulver edelsüß
Cayennepfeffer, 1 TL Curry

Außerdem:

8 Eier
1 TL Meersalz, 1 EL Essig

So wird's gemacht:

1. Die Butter oder die Pflanzenmargarine in einem Topf erhitzen und die feingehackte Zwiebel darin glasig dünsten.
2. Die geputzten Paprikaschoten in hauchdünne Streifen schneiden, zu den Zwiebeln geben und kurz mitdünsten.
3. Mit der Gemüsebrühe und den Tomaten auffüllen.
4. Mit Salz, Pfeffer, Paprikapulver, Cayennepfeffer und Curry abschmecken und zugedeckt 5 Minuten köcheln lassen.
5. 1/2 l Wasser mit dem Salz und dem Essig erhitzen und die Eier darin pochieren.
6. Das Gemüse anrichten, die Eier darauf verteilen und servieren.

Spargel mit Eierschaumsoße

Sie benötigen für 4 Personen:

1,5 kg frischen Spargel
Saft von einer Zitrone
1 Tasse Weißwein
½ l Wasser
1 Prise Salz
1 TL Butter

Für den Eischaum:

125 g Butter
4 Eigelb
½ Tasse Weißwein
Saft von einer Zitrone
Meersalz
frisch gemahlenen Pfeffer
1 Prise Zucker
einige Spritzer Worcestersoße
1 Bund Kerbel

So wird's gemacht:

1. Den Spargel schälen, das untere Ende zurechtschneiden und alles portionsgerecht binden.

2. Den Zitronensaft mit dem Weißwein, dem Wasser, dem Salz und der Butter in einem Topf erhitzen.
3. Die Spargelbündel dazugeben und in etwa 15 Minuten garziehen lassen.
4. In der Zwischenzeit die Butter in einem Topf erhitzen.
5. Das Eigelb mit dem Weißwein und dem Zitronensaft in einem anderen Topf mit dem Schneebesen verrühren.
6. Mit Meersalz, Pfeffer, dem Zucker und der Worcestersoße kräftig abschmecken.
7. Im Wasserbad oder auf dem Herd so lange schlagen, bis eine Creme entstanden ist.
8. Vom Feuer nehmen und die handwarme Butter tropfenweise unterziehen.
9. Den Eischaum nochmals abschmecken und den verlesenen, gewaschenen und feingehackten Kerbel unter die Soße ziehen.
10. Die Spargelstangen anrichten, mit der Soße überziehen und sofort servieren.

Der Tip

Diese Eischaumsoße paßt auch zu allen anderen feinen Gemüsesorten ausgezeichnet.

Amsterdamer Eierauflauf

Sie benötigen für 4 Personen:

- 2 EL Butter oder ungehärtete Pflanzenmargarine
- 1 Zwiebel
- 1 Bund Frühlingszwiebeln
- 400 g frische Champignons
- 2 frische Pfirsiche
- 4 Tomaten
- 1 Tasse saure Sahne
- 150 g geriebener Gouda
- Meersalz
- frisch gemahlenen Pfeffer
- 1 Prise Muskat
- 1 Bund Schnittlauch

Außerdem:

- 6 hartgekochte Eier
- Öl zum Ausfetten

So wird's gemacht:

1. Die Butter oder die Pflanzenmargarine in einer Pfanne erhitzen und die feingehackte Zwiebel darin glasig dünsten.
2. Die geputzten und gewaschenen Frühlingszwiebeln in dünne Streifen schneiden, zu den Zwiebeln geben und kurz mitdünsten.
3. Die geputzten Champignons in Scheiben schneiden, zu den Zwiebeln geben und ebenfalls kurz mitdünsten.

4. Die Pfirsiche und die Tomaten enthäuten, entkernen und in Scheiben schneiden.
5. Die saure Sahne mit dem Gouda verrühren, mit Salz, Pfeffer und dem Muskat würzen.
6. Den feingeschnittenen Schnittlauch unterziehen.
7. Alle Zutaten schichtweise in eine ausgefettete Auflaufform geben.

8. Die geschälten und in Scheiben geschnittenen Eier darauf verteilen und mit der Käsesoße überziehen.
9. Im auf 200° C vorgeheizten Backofen 10–15 Minuten backen, herausnehmen und sofort servieren.

Rote Feuerbohnen

Sie benötigen für 4 Personen:

4 EL Butter oder ungehärtete Pflanzenmargarine
2 Zwiebeln
1 Karotte
1 Pfefferschote
1 TL Meersalz
2 Knoblauchzehen
2 EL Tomatenmark
2 EL Mehl
3/8 l Gemüsebrühe
1 Tasse Rotwein
500 g Kidney Beans (Dose)
1 TL Thymian
1 Tasse Crème fraîche
Meersalz
frisch gemahlenen Pfeffer
400 g gekochte Eiernudeln oder Vollkornnudeln (= etwa 150 g Rohprodukt)

So wird's gemacht:

1. Die Butter oder die Margarine in einem Topf erhitzen und die feingewürfelten Zwiebeln und Karotten darin glasig dünsten.
2. Die feingehackte Pfefferschote und die mit dem Salz zerriebenen Knoblauchzehen dazugeben und kurz mitdünsten.
3. Das Tomatenmark unterrühren, mit dem Mehl bestäuben, mit der Gemüsebrühe und dem Rotwein auffüllen und zugedeckt 10 Minuten köcheln lassen.
4. Die gut abgetropften Bohnen unterrühren, mit dem Thymian würzen und alles zusammen erhitzen.
5. Mit der Crème fraîche verfeinern, nochmals abschmecken, über die angerichteten Nudeln geben und sofort servieren.

Der Tip

Sie können auch Trockenbohnen verwenden. Achten Sie dann aber darauf, daß der Topf während der ersten 15 Minuten des Kochens geöffnet ist, so daß die schädlichen Bohneninhaltstoffe mit dem Dampf entweichen können.

Gebackene Honigbohnen

Sie benötigen für 4 Personen:

4 EL Olivenöl
1 TL Meersalz
2 Knoblauchzehen
1 Zwiebel
1 Zucchini
1 Aubergine
1 EL Tomatenmark
½ Tasse Rotwein
½ Tasse Gemüsebrühe
500 g gekochte, weiße Bohnen

Außerdem:

½ Tasse Honig
½ Tasse Tomatenketchup
2 EL Obstessig
2 cl Weinbrand
1 TL Curry
1 TL Paprikapulver
1 EL Majoran
1 TL Thymian
1 Bund Schnittlauch

So wird's gemacht:

1. Das Olivenöl in einer Paellapfanne erhitzen und die mit dem Salz zerriebenen Knoblauchzehen darin anbraten.
2. Die feingehackte Zwiebel dazugeben und kurz mitdünsten.
3. Die Zucchini und die Aubergine putzen, halbieren, die Aubergine salzen und anschließend waschen, in kleine Würfel schneiden, zu den Zwiebeln geben und glasig dünsten.
4. Das Tomatenmark unterrühren, mit dem Rotwein und der Gemüsebrühe auffüllen.
5. Die Bohnen untermischen und in den auf 200 Grad vorgeheizten Backofen geben.
6. Den Honig mit dem Ketchup, dem Obstessig und dem Weinbrand verrühren, mit dem Curry, dem Paprika, dem Majoran und dem Thymian würzen.
7. Gleichmäßig über die Bohnen verteilen und etwa 25–30 Minuten backen.
8. Mit dem frisch geschnittenen Schnittlauch bestreut servieren.

Schwäbisches Linsengericht

Sie benötigen für 4 Personen:

400 g über Nacht eingeweichte Linsen
½ l Gemüsebrühe
2 EL Butter oder ungehärtete Pflanzenmargarine
1 Zwiebel
2 Karotten
1 kleine Stange Lauch
2 EL Tomatenmark
1 Tasse Weißwein
Saft von einer Zitrone
1 Tasse Crème fraîche
1–2 EL Vollkornmehl
Meersalz
frisch gemahlenen Pfeffer
2 EL Honig
4 EL Obstessig

Außerdem:

200 g Eierspätzle
Öl zum Braten
1 Prise Muskat
1 Bund Schnittlauch

So wird's gemacht:

1. Die Linsen abwaschen und in der Gemüsebrühe 15–20 Minuten kochen.
2. In der Zwischenzeit die Butter oder Margarine in einer Pfanne erhitzen und das geputzte, gewaschene und in kleine Würfel geschnittene Gemüse darin glasig dünsten.
3. Das Tomatenmark unterziehen, mit dem Weißwein und dem Zitronensaft ablöschen und zu den Linsen geben.
4. Die Crème fraîche und das Mehl glattrühren und die Linsen damit binden.
5. Mit Meersalz, Pfeffer, dem Honig und dem Obstessig abschmecken.
6. Die Eierspätzle gar kochen, in einer Pfanne mit etwas Fett braten, mit Salz, Pfeffer und dem Muskat würzen.
7. Auf einem Teller anrichten, das Linsengemüse darüber verteilen und mit frisch geschnittenem Schnittlauch bestreut servieren.

Gemüsebuletten

Sie benötigen für 4 Personen:

2 EL Butter oder ungehärtete Pflanzenmargarine
1 Zwiebel
500 g gekochte Erbsen
2 Eier
1 EL mittelscharfen Senf
2 in Wasser eingeweichte Brötchen
Meersalz
frisch gemahlenen Pfeffer
1 Prise Muskat
einige Tropfen Sojawürze
1 Bund Petersilie
1 TL grüne Pfefferkörner
Haferflocken zum Binden

Außerdem:

1 Tasse Vollkornmehl
2 Eier
1 Tasse Paniermehl
Öl zum Ausbacken

So wird's gemacht:

1. Die Butter oder die Margarine in einer Pfanne erhitzen und die feingehackte Zwiebel darin rösten.
2. Die Erbsen mit dem Pürierstab oder im Mixer pürieren.

3. Die Zwiebel, das Erbsenpüree, die Eier, den Senf und die gut ausgedrückten Brötchen zu einer kompakten Masse verrühren.
4. Mit Salz, Pfeffer, dem Muskat und der Sojawürze abschmecken.
5. Die feingehackte Petersilie und die Pfefferkörner unterziehen und mit Haferflocken binden.
6. Mit nassen Händen aus der Teigmasse Buletten formen, zuerst in dem Mehl, anschließend in den verquirlten Eiern und zum Schluß in dem Paniermehl wenden.
7. Mit etwas Öl in einer Pfanne goldgelb backen und sofort servieren.

Der Tip

Sie können diese Gemüsebuletten auch mit Kichererbsen, Bohnen oder Linsen zubereiten.

Nudeln und Kartoffeln

In der traditionellen Küche fast vernachlässigt, werden Nudeln und Kartoffeln in vegetarischen Rezepten in vielen Variationen auf Hochform gebracht. Die Nudeln sind meist aus Vollkorngetreide hergestellt und enthalten damit viele Vitalstoffe und sind ebenso wie die Kartoffeln keine Dickmacher.

Hausgemachte Vollkornnudeln

Sie benötigen für 4 Personen:

250 g frisch gemahlenes Vollkornmehl
1 Prise Meersalz
1 Prise Muskat
2 Eier
1–2 EL Olivenöl
evtl. 1–2 EL Wasser

So wird's gemacht:

1. Das sehr fein gemahlene Mehl in eine Schüssel geben, mit dem Meersalz und dem Muskat vermischen.
2. Mit den Eiern, dem Olivenöl und evtl. dem Wasser zu einem glatten Teig verarbeiten.
3. Mit einem feuchten Tuch bedecken und etwa 30 Minuten ruhen lassen.
4. Den Teig hauchdünn ausrollen, je nach Geschmack ausschneiden und anschließend die Nudeln in Salzwasser je nach Größe und Form 5–10 Minuten garen.

Der Tip

Sie können die Nudeln färben, indem Sie etwas Tomatenmark, feingehackte Kräuter, Safran oder pürierten Spinat in die Teigmasse kneten.

Bauernsoße

Sie benötigen für 4 Personen:

2 EL Butter oder ungehärtete Pflanzenmargarine
5 Scheiben Soja-zart
1 Zwiebel
1 rote Paprikaschote
1 grüne Paprikaschote
2 EL Vollkornmehl
2 Tomaten
2 Essiggurken
1 Tasse Rotwein
1/4 l Gemüsebrühe
Salz
frisch gemahlenen Pfeffer
1 TL Paprikapulver
1/2 TL Currypulver
1/2 Tasse Crème fraîche
1 Bund Schnittlauch

So wird's gemacht:

1. Die Butter oder die Pflanzenmargarine in einem Topf erhitzen und das in kleine Würfel geschnittene Soja-zart darin kurz anbraten.
2. Die feingehackte Zwiebel und die in kleine Würfel geschnittenen Paprikaschoten dazugeben und kurz mitdünsten.
3. Mit dem Mehl bestäuben und die enthäuteten, entkernten und in Würfel geschnittenen Tomaten sowie die kleingeschnittenen Essiggurken dazugeben.
4. Mit dem Rotwein und der Gemüsebrühe auffüllen und zugedeckt bei mittlerer Hitze 10 Minuten köcheln lassen.
5. Mit Salz, Pfeffer, dem Paprika und dem Curry abschmecken.
6. Mit der Crème fraîche verfeinern, die Soße über die angerichteten Nudeln verteilen und mit dem frisch geschnittenen Schnittlauch bestreut servieren.

Feines Pilzragout

Sie benötigen für 4 Personen:

3 EL Butter oder ungehärtete Pflanzenmargarine
2 kleine Zwiebeln
200 g Pfifferlinge
400 g Champignons
2 EL Mehl
1 Tasse Weißwein
3/8 l Gemüsebrühe
Meersalz
frisch gemahlenen Pfeffer
1 Tasse süße Sahne
1/2 Bund Petersilie
1/2 Bund Schnittlauch
1/2 Bund Kerbel

So wird's gemacht:

1. Die Butter oder die Pflanzenmargarine in einem Topf erhitzen und die feingehackten Zwiebeln darin glasig dünsten.
2. Die geputzten und evtl. kleingeschnittenen Pilze dazugeben und kurz mitdünsten.
3. Mit dem Mehl bestäuben, mit dem Weißwein ablöschen und mit der Gemüsebrühe auffüllen.
4. Bei mittlerer Hitze 8–10 Minuten köcheln lassen.
5. Mit Meersalz und Pfeffer würzen und mit der Sahne verfeinern.
6. Die verlesenen, gewaschenen und kleingeschnittenen Kräuter unter die Soße mischen, nochmals abschmecken und sofort servieren.

Der Tip

Noch feiner wird die Soße, wenn Sie sie mit Pfifferlingen, Steinpilzen und Maronenröhrlinge zubereiten.

Gemüsehörnchen in Weißweinrahm

Sie benötigen für 4 Personen:

Für den Teig:

300 g frisch gemahlenes Vollkornmehl
1 Prise Meersalz
1–2 Tassen Wasser

Für die Füllung:

2 EL Butter oder ungehärtete Pflanzenmargarine
1 Bund Frühlingszwiebeln
150 g Sojabohnenkeimlinge
10 g chinesische Pilze
1 Bund Schnittlauch
Meersalz
frisch gemahlenen Pfeffer
3 EL Sojasoße
4 cl Sherry
1 EL Speisestärke

Für die Soße:

30 g Butter oder ungehärtete Pflanzenmargarine
30 g Vollkornmehl
1/4 l Weißwein
1 Tasse Gemüsebrühe
1 Tasse Sahne
1 Bund Kerbel

So wird's gemacht:

1. Das Mehl in eine Schüssel geben und mit dem Salz vermischen.
2. Das Wasser zum Mehl geben und zu einem geschmeidigen Teig verarbeiten.
3. Mit einem feuchten Tuch abdecken und 1/2 Stunde ruhen lassen.
4. In der Zwischenzeit die Butter oder die Pflanzenmargarine in einem Topf erhitzen und die geputzten, gewaschenen und in Streifen geschnittenen Frühlingszwiebeln glasig dünsten.
5. Die Sojabohnenkeimlinge und die eingeweichten, in Streifen geschnittenen Pilze dazugeben und den feingeschnittenen Schnittlauch untermischen.
6. Mit Meersalz, Pfeffer, der Sojasoße und dem Sherry würzen.
7. Mit der in etwas kaltem Wasser angerührten Speisestärke leicht binden.
8. Den Nudelteig hauchdünn ausrollen und in Quadrate schneiden.

9. Jedes Quadrat mit etwas Füllung belegen und zu Hörnchen zusammenrollen.

10. Im schwimmenden Fett oder in Salzwasser garen.
11. Herausnehmen und warm stellen.
12. Für die Soße die Butter oder die Pflanzenmargarine in einem Topf erhitzen und das Mehl einrühren.
13. Mit dem Weißwein ablöschen, die Gemüsebrühe und die Sahne dazugeben und alles zur Soße verkochen.
14. Mit Salz und Pfeffer würzen und den feingehackten Kerbel unter die Soße mischen.
15. Die Soße auf Tellern verteilen, die Gemüsehörnchen in die Soße setzen und servieren.

Spaghettiomelett mit Gemüsefüllung

Sie benötigen für 4 Personen:

150 g Vollkornspaghetti
5 Eier
Meersalz
frisch gemahlenen Pfeffer
1 Prise Muskat
50 g Parmesan
Öl zum Braten

Für die Füllung:

2 EL Butter oder ungehärtete Pflanzenmargarine
1 Zwiebel
1 rote Paprikaschote
1 Zucchini
150 g Zuckererbsen
3 reife Tomaten
1 Tasse Gemüsebrühe
1–2 EL Speisestärke
2 EL Sojasoße
2 EL Obstessig
1 EL Honig
1 Bund Schnittlauch

So wird's gemacht:

1. Die Vollkornspaghetti in Salzwasser al dente kochen, etwas kleinschneiden und in eine Schüssel geben.
2. Die Eier verschlagen, mit Salz, Pfeffer, dem Muskat und dem Parmesan würzen und unter die Nudeln heben.
3. Etwas Öl in einer Pfanne erhitzen, 1/4 der Nudelmasse hineingeben und auf beiden Seiten braten, herausnehmen und warm stellen.
4. Aus der restlichen Nudelmasse 3 weitere Omeletts backen.
5. Für die Füllung die Butter oder die Margarine in einer Pfanne erhitzen und die feingehackte Zwiebel darin glasig dünsten.
6. Die geputzte und in Streifen geschnittene Paprikaschote, die in Scheiben geschnittene Zucchini und die geputzten Zuckererbsen dazugeben und kurz mitschwitzen.
7. Die enthäuteten und gewürfelten Tomaten und die Gemüsebrühe dazugeben und alles zugedeckt bei mittlerer Hitze 5 Minuten köcheln lassen.
8. Mit der in etwas kaltem Wasser angerührten Speisestärke leicht binden.
9. Mit der Sojasoße, dem Obstessig, dem Honig, Salz und Pfeffer abschmecken.
10. Die Gemüsemischung auf die Spaghettiomeletts verteilen, zusammenklappen und mit Schnittlauch bestreut servieren.

Omas Lauchstrudel

Sie benötigen für 4 Personen:

Für den Teig:

200 g frisch gemahlenes Vollkornmehl
1 Ei
1 EL Öl
1 Tasse lauwarmes Wasser
1 TL Meersalz
1 TL gemahlenen Kümmel
½ TL gemahlenen Koriander
½ TL Honig
2 EL Obstessig

Für die Füllung:

50 g Butter oder ungehärtete Pflanzenmargarine
2 Zwiebeln
2 Stangen Lauch
2 Knoblauchzehen
1 TL Salz
250 g Magerquark
2 Eier
125 g geriebenen Emmentaler
2–3 EL Semmelbrösel
Meersalz
frisch gemahlenen Pfeffer
1 Prise Muskat
1 Bund Schnittlauch

Außerdem:

Öl zum Ausfetten
1 Eigelb

So wird's gemacht:

1. Das Vollkornmehl mit dem Ei, dem Öl und dem Wasser auf eine Arbeitsfläche geben.
2. Das Salz, den Kümmel, den Koriander, den Honig und den Obstessig dazugeben und alles zu einem geschmeidigen Teig verarbeiten.
3. Mit einem feuchten Tuch abdecken und ½ Stunde ruhen lassen.
4. In der Zwischenzeit für die Füllung die Butter oder die Margarine in einem Topf erhitzen und die gewürfelten Zwiebeln sowie den geputzten, gewaschenen und in Streifen geschnittenen Lauch darin glasig dünsten.
5. Die mit Salz zerriebenen Knoblauchzehen dazugeben und kurz mitdünsten, vom Feuer nehmen und erkalten lassen.
6. Den Magerquark mit den Eiern glattrühren, die Lauch-Zwiebel-Mischung und den Emmentaler darunterheben.
7. Mit den Semmelbröseln mischen, mit Salz, Pfeffer und dem Muskat würzen.
8. Den verlesenen, gewaschenen und frisch geschnittenen Schnittlauch unter die Quarkmasse heben.
9. Den Teig auf einem Küchentuch hauchdünn ausrollen und zur Hälfte mit der Quarkmasse belegen.
10. Mit Hilfe des Küchentuchs zu einem Strudel zusammenrollen.
11. In eine ausgefettete Bratenform legen und im auf 200° C vorgeheizten Backofen 35–40 Minuten backen.
12. Kurz vor Garende das Eigelb mit Wasser glattrühren und den Strudel damit bestreichen. Herausnehmen und noch warm servieren.

Lasagne al forno

Sie benötigen für 4 Personen:

Für die Füllung:

200 g Soja-vita
3/8 l Wasser
150 g Magerquark
2 Eier
2 EL Tomatenmark
3 EL Butter oder ungehärtete Pflanzenmargarine
1 Zwiebel
1 Karotte
1 Stück Sellerie
2 EL Vollkornmehl
3 frische Tomaten
1 Knoblauchzehe
1 zerriebenes Lorbeerblatt
1 EL Basilikum
Meersalz
frisch gemahlenen Pfeffer

Für die Béchamelsoße:

50 g Butter oder Margarine
50 g Vollkornmehl
1/2 l Milch
1 Prise Muskat
50 g Parmesan

Außerdem:

350 g grüne Lasagne oder selbstgemachte Nudelplatten
Öl zum Ausfetten
200 g Mozzarella

So wird's gemacht:

1. Das Soja-vita mit dem Wasser anrühren, den Magerquark, die Eier und das Tomatenmark unterziehen und 20 Minuten stehenlassen.
2. In der Zwischenzeit die Butter oder die Pflanzenmargarine in einem Topf erhitzen und das geputzte und in kleine Würfel geschnittene Gemüse darin glasig dünsten.
3. Mit dem Mehl bestäuben, die enthäuteten und gewürfelten Tomaten dazugeben und zum Kochen bringen.
4. Die feingehackte Knoblauchzehe, das Lorbeerblatt und das Basilikum dazugeben, mit Meersalz und Pfeffer würzen.
5. Vom Feuer nehmen und mit der Soja-vita-Masse vermischen.
6. Für die Béchamelsoße die Butter oder Margarine in einem Topf erhitzen und das Mehl einrühren.
7. Die Milch unter kräftigem Rühren dazugeben, mit Meersalz, Pfeffer und dem Muskat würzen und 10 Minuten kochen.
8. Den Parmesankäse in die Soße geben.
9. Die Lasagneplatten in Salzwasser kurz kochen.
10. Eine feuerfeste Form ausfetten und schichtweise die Soja-vita-Masse und die Bechamelsoße sowie die Lasagneplatten hineinschichten.
11. Mit dem in Scheiben geschnittenen Mozzarella belegen, im auf 200° C vorgeheizten Backofen 20 Minuten backen und sofort servieren.

Der Tip

Sie können diese Lasagne auch ohne Sojafleisch zubereiten. Vermengen Sie dann den Magerquark mit 100 g geriebenem Emmentaler und 1/4 Tasse Semmelbrösel.

Pellkartoffeln mit Dips

Sie benötigen für 4 Personen:

1 kg frische Kartoffeln
1 EL Kümmel
2 Zweige Thymian
1 Zweig Rosmarin
einige Pfefferkörner
1 EL Wacholderbeeren
1 Lorbeerblatt

So wird's gemacht:

1. Die Kartoffeln gründlich waschen und mit etwas Salzwasser in einem Topf zum Kochen bringen.
2. Die Gewürze dazugeben, den Topf verschließen und je nach Größe der Kartoffeln 18–20 Minuten kochen.
3. Herausnehmen und in der Schale mit den Dips servieren.

Kräuterfrischkäse

Sie benötigen für 4 Personen:

1 Tasse Joghurt
250 g Doppelrahmfrischkäse
1 Zwiebel
½ Bund Petersilie
½ Bund Schnittlauch
½ Bund Zitronenmelisse
Meersalz
frisch gemahlenen Pfeffer
1 Prise Zucker
Saft von einer halben Zitrone

So wird's gemacht:

1. Den Joghurt mit dem Frischkäse glattrühren.
2. Die feingehackte Zwiebel und die verlesenen, gewaschenen und kleingeschnittenen Kräuter unter den Frischkäse ziehen.
3. Mit Meersalz, Pfeffer, dem Zucker und dem Zitronensaft abschmecken und zu den Kartoffeln servieren.

Knoblauchquark

Sie benötigen für 4 Personen:

250 g Magerquark
1 Tasse Crème fraîche
2 Knoblauchzehen
1 TL Meersalz
1 Bund Petersilie
1 Kästchen Kresse
Meersalz
frisch gemahlenen Pfeffer
einige Tropfen Worcestersoße
etwas Zitronensaft

So wird's gemacht:

1. Den Magerquark mit der Crème fraîche in einer Schüssel glattrühren.
2. Die Knoblauchzehen mit dem Salz verreiben und mit den verlesenen, gewaschenen und kleingeschnittenen Kräutern unter den Quark ziehen.
3. Mit Meersalz, Pfeffer, Worcestersoße und Zitronensaft abschmecken und zu den Pellkartoffeln servieren.

Schnelle Kräuterbutter

Sie benötigen für 4 Personen:

250 g Butter
1 Zwiebel
einige Zweige Petersilie
einige Zweige Thymian
einige Zweige Oregano
einige Zweige Estragon
2 EL mittelscharfen Senf
einige Tropfen Worcestersoße
1 EL Zitronensaft
Meersalz
frisch gemahlenen Pfeffer

So wird's gemacht:

1. Die Butter in einer Schüssel schaumig rühren.
2. Die feingehackte Zwiebel und die verlesenen, gewaschenen und kleingeschnittenen Kräuter sowie den Senf unter die Butter rühren.
3. Mit der Worcestersoße, dem Zitronensaft, Salz und Pfeffer abschmecken und zu den Pellkartoffeln servieren.

Edelpilzcreme

Sie benötigen für 4 Personen:

100 g Edelpilzkäse
50 g Butter oder ungehärtete Pflanzenmargarine
100 g Doppelrahmfrischkäse
100 g Crème fraîche
1 Zwiebel
1 Bund Petersilie
1 Bund Kerbel
Meersalz
frisch gemahlenen Pfeffer
1 Prise Zucker
2 cl Weinbrand

So wird's gemacht:

1. Den Edelpilzkäse mit einer Gabel zerdrücken.
2. In eine Schüssel geben, mit der Butter, dem Frischkäse und der Crème fraîche glattrühren.
3. Die feingehackte Zwiebel mit den verlesenen, gewaschenen und kleingeschnittenen Kräutern unter die Masse ziehen.
4. Mit Meersalz, Pfeffer und dem Zucker abschmecken, mit dem Weinbrand aromatisieren und zu den Pellkartoffeln servieren.

Käsekartoffeln vom Blech

Sie benötigen für 4 Personen:

800 g Kartoffeln
1/4 l Gemüsebrühe
Meersalz
frisch gemahlenen Pfeffer
1 TL gemahlenen Kümmel
2 Zwiebeln
1 Bund Frühlingszwiebeln

Außerdem:

2 Tassen saure Sahne
2 Eier
125 g geriebenen Emmentaler
4 Tomaten
1 Bund Schnittlauch
einige Butterflöckchen

So wird's gemacht:

1. Die geschälten Kartoffeln in 1 cm dicke Scheiben schneiden und auf einem Backblech auslegen.

2. Die Gemüsebrühe angießen, mit Meersalz, Pfeffer und dem Kümmel bestreuen.
3. Die feingehackten Zwiebeln und die geputzten, gewaschenen und in Streifen geschnittenen Frühlingszwiebeln darauf verteilen und im auf 200° C vorgeheizten Backofen 15 Minuten backen.
4. In der Zwischenzeit die saure Sahne mit den Eiern und dem Emmentaler verrühren.
5. Die Tomaten enthäuten und in dünne Scheiben schneiden.
6. Anschließend die Tomaten auf den Kartoffeln verteilen und mit der Sahne überziehen.

7. Mit frisch geschnittenem Schnittlauch bestreuen und einige Butterflöckchen obenauf setzen.
8. Weitere 10 Minuten backen, herausnehmen und servieren.

Der Tip

Kleinere Mengen können Sie auch in ofenfesten Formen zubereiten.

Béchamelkartoffeln mit Kohlrabi

Sie benötigen für 4 Personen:

400 g Kartoffeln
400 g Kohlrabi
1/8 l Gemüsebrühe
1/8 l Weißwein
Meersalz
frisch gemahlenen Pfeffer

Für die Soße:

40 g Butter oder ungehärtete Pflanzenmargarine
40 g Vollkornmehl
1/4 l Milch
1/4 l Sahne
1 Prise Muskat
1/2 Bund Petersilie
1/2 Bund Schnittlauch
125 g Mozzarella

So wird's gemacht:

1. Die Kartoffeln und die Kohlrabi schälen und in dünne Stifte schneiden.
2. Auf einem tiefen Backblech verteilen, die Gemüsebrühe und den Weißwein angießen.
3. Salzen, pfeffern und im auf 200° C vorgeheizten Backofen 30 Minuten backen.
4. In der Zwischenzeit die Butter oder die Margarine in einem Topf erhitzen und das Mehl einrühren.
5. Mit der Milch und der Sahne auffüllen, mit Salz, Pfeffer und dem Muskat würzen und 10 Minuten kochen lassen.
6. Die verlesenen, gewaschenen und kleingeschnittenen Kräuter unter die Soße geben und anschließend über die Kartoffel-Kohlrabi-Mischung verteilen.
7. Den in kleine Würfel geschnittenen Mozzarella darauf verteilen und weitere 10 Minuten backen, herausnehmen und servieren.

Kartoffelbauzen mit Bayerisch-Kraut

Sie benötigen für 4 Personen:

1 kg Kartoffeln
200 g Vollkornmehl
1 Ei
Meersalz
frisch gemahlenen Pfeffer
1 Prise Muskat
Öl zum Ausbacken

Für das Kraut:

4 EL Butter
1 Zwiebel
1 kleiner Kopf Weißkohl
1 Tasse Weißwein
1/4 l Gemüsebrühe
1 TL Kümmel
1–2 EL Obstessig
1 Prise Zucker
1 Bund Schnittlauch

So wird's gemacht:

1. Die Kartoffeln kochen, schälen und durch ein Sieb drücken.
2. Das gesiebte Mehl und das Ei dazugeben und alles zu einem kompakten Teig verarbeiten.
3. Mit Meersalz, Pfeffer und dem Muskat würzen.
4. Zu zwei Finger dicken Nudeln ausrollen und im heißen Öl rundherum goldgelb fritieren.
5. Für das Kraut die Butter in einem Topf erhitzen und die feingehackte Zwiebel darin glasig dünsten.
6. Den geputzten und gehobelten Weißkohl zu den Zwiebeln geben und kurz mitdünsten.
7. Mit dem Weißwein ablöschen, mit der Gemüsebrühe auffüllen, mit dem Kümmel, dem Obstessig und dem Zucker würzen.
8. Zugedeckt bei mittlerer Hitze 25–30 Minuten köcheln lassen.
9. Die Bauzen anrichten, mit dem Bayerisch-Kraut servieren und mit frisch geschnittenem Schnittlauch bestreuen.

Reis und Getreide

Leider sind im Laufe der Zeit viele Getreidespeisen in Vergessenheit geraten. Die vegetarische Küche hat sie wiederentdeckt und zeigt, daß aus Getreide nicht nur Brot und Nudeln, sondern viele leckere Variationen zubereitet werden können.

Deftiges Bauernrisotto

Sie benötigen für 4 Personen:

50 g Butter oder ungehärtete Pflanzenmargarine
1 Zwiebel
2 Karotten
1 Stück Sellerie
1 kleine Stange Lauch
1 Zucchini
1 Tasse Weißwein
Saft von einer Zitrone
einige Spritzer Worcestersoße
8 Sojawürstchen
250 g Naturreis
etwa 1 l Gemüsebrühe
Meersalz
frisch gemahlenen Pfeffer
4 Tomaten
1 Tasse Crème fraîche
1 Bund Schnittlauch

So wird's gemacht:

1. Die Butter oder die Pflanzenmargarine in einem Topf erhitzen und das geputzte und in kleine Würfel geschnittene Gemüse darin glasig dünsten.

2. Den Weißwein angießen, mit dem Zitronensaft und Worcestersoße würzen und zugedeckt bei mittlerer Hitze 5 Minuten köcheln.
3. Die in Scheiben geschnittenen Sojawürstchen und den Naturreis dazugeben und kurz anrösten.
4. 2 Tassen Gemüsebrühe angießen, bei offenem Deckel und mittlerer Hitze kochen lassen.
5. Öfter umrühren und nach und nach die restliche Brühe dazugeben.
6. Nach etwa 30–40 Minuten ist das Risotto fertig.
7. Mit Salz und Pfeffer würzen und die enthäuteten, entkernten und in Würfel geschnittenen Tomaten sowie die Crème fraîche unterziehen.
8. Nochmals abschmecken, mit frisch geschnittenem Schnittlauch bestreut servieren.

Der Tip

Sie können das Risotto auch ohne die Sojawürstchen zubereiten und diese dann getrennt servieren.

Gemüserisotto

Sie benötigen für 4 Personen:

50 g Butter oder ungehärtete Pflanzenmargarine
1 Zwiebel
1 rote Paprikaschote
1 grüne Paprikaschote
2 EL Tomatenmark
3 frische Tomaten
150 g frische Erbsen
1 TL Oregano
1 TL Basilikum
250 g Naturreis
1 l Gemüsebrühe
1 kleine Dose Mais
Meersalz
frisch gemahlenen Pfeffer
1 Bund Zitronenmelisse

So wird's gemacht:

1. Die Butter oder die Margarine in einem Topf erhitzen und die Zwiebel darin glasig dünsten.
2. Die geputzten und in Würfel geschnittenen Paprikaschoten dazugeben und kurz mitdünsten.
3. Das Tomatenmark unterrühren und die enthäuteten, entkernten und gewürfelten Tomaten und die Erbsen dazugeben.
4. Zugedeckt bei mittlerer Hitze 5 Minuten köcheln lassen.
5. Den Oregano, das Basilikum und den Reis dazugeben und kurz andünsten.
6. Mit 2 Tassen Gemüsebrühe angießen, bei offenem Deckel und mittlerer Hitze kochen lassen.
7. Öfter umrühren und nach und nach die restliche Brühe dazugeben.
8. Nach etwa 30–40 Minuten ist das Risotto fertig.
9. Den abgetropften Mais dazugeben und erhitzen.
10. Mit Meersalz und Pfeffer abschmecken, mit verlesener, gewaschener und feingehackter Zitronenmelisse bestreut servieren.

Gekräuterte Reispfanne

Sie benötigen für 4 Personen:

50 g Butter
1 Zwiebel
200 g Brokkoli-Röschen
200 g Blumenkohl-Röschen
2 Karotten
1 kleine Stange Lauch
1 Tasse Weißwein
250 g wilden Reis
1 l Gemüsebrühe
Meersalz
frisch gemahlenen Pfeffer

Außerdem:

1 EL geriebene Zitronenschale
1 Bund Zitronenmelisse
2 Knoblauchzehen
1 TL Meersalz
4 EL Mandelsplitter
4 Eier
je 2 EL gehackten Sauerampfer, Kerbel, Estragon und Petersilie

So wird's gemacht:

1. Die Butter in einer Paella-Pfanne erhitzen und die feingehackten Zwiebeln und die Brokkoli-Röschen sowie die Blumenkohl-Röschen andünsten.
2. Die Karotten schälen, den Lauch putzen und beides in dünne Scheiben schneiden.
3. Zum Gemüse geben, mit dem Weißwein angießen, den Reis dazugeben und mit der Gemüsebrühe auffüllen.
4. Mit Salz und Pfeffer würzen und zugedeckt bei mittlerer Hitze im auf 200° C vorgeheizten Backofen 20–25 Minuten garen.
5. Anschließend mit der Zitronenschale, der feingehackten Zitronenmelisse, den mit Salz zerriebenen Knoblauchzehen und den Mandelsplittern bestreuen.
6. Die Eier darauf verteilen und mit den Kräutern bestreuen.
7. Erneut in den Ofen geben und weitere 10 Minuten backen, herausnehmen und sofort servieren.

Reisroulade in Tomatensoße

Sie benötigen für 4 Personen:

1 kleinen Kopf Wirsing

Für die Füllung:

2 EL Butter oder ungehärtete Pflanzenmargarine
1 Zwiebel
1 Bund Frühlingszwiebeln
2 EL Rosinen
4 EL Mandelsplitter
250 g gekochten Naturreis (85 g Rohprodukt)
2 Eier
200 g Mozzarella
1 Bund Schnittlauch

Für die Soße:

500 g reife Tomaten
1 kleine Zwiebel
1 Knoblauchzehe
1 EL Butter
frisch gemahlenen Pfeffer
½ Bund frisches Basilikum
100 g geriebenen Gouda

So wird's gemacht:

1. Die Wirsingblätter vorsichtig ablösen und in Salzwasser 5 Minuten blanchieren.
2. Aus der Kochflüssigkeit nehmen, gut abtropfen lassen und auf einer Arbeitsfläche bereitlegen.
3. Für die Füllung die Butter oder die Pflanzenmargarine in einem Topf erhitzen und die feingehackte Zwiebel und die geputzten, gewaschenen und in Streifen geschnittenen Frühlingszwiebeln darin glasig dünsten.
4. Die Rosinen, die Mandelsplitter und den gekochten Reis unterziehen, vom Feuer nehmen und erkalten lassen.
5. Die Eier mit dem in Würfel geschnittenen Mozzarella und dem kleingeschnittenen Schnittlauch unter den Reis heben.
6. Die Masse gleichmäßig auf die Wirsingblätter verteilen und diese zu Rouladen zusammenpressen und alles zusammen in eine Auflaufform schichten.

7. Die Tomaten enthäuten, entkernen und grob hacken.

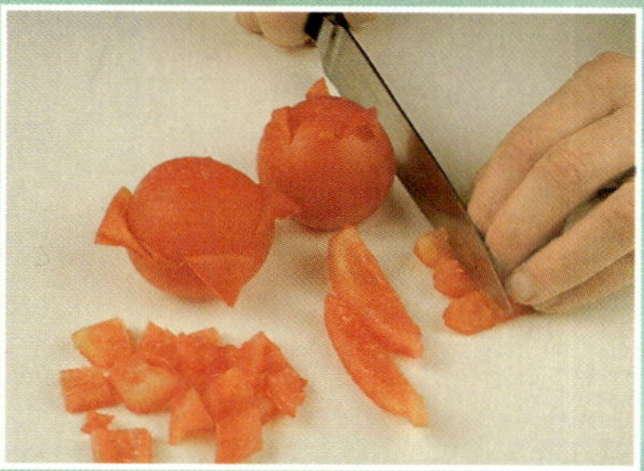

8. Die Zwiebel und die Knoblauchzehe schälen und sehr fein hacken.
9. Die Butter in einem Topf erhitzen, die Zwiebel und die Knoblauchzehe darin glasig dünsten, die Tomaten dazugeben und salzen und pfeffern. Die Soße ca. 10 Minuten kochen lassen.
10. Die Soße durch ein Sieb passieren, mit dem kleingeschnittenen Basilikum würzen und über die Wirsingrouladen gießen.
11. Mit dem geriebenen Gouda bestreuen und im auf 200° C vorgeheizten Backofen 35–40 Minuten garen, herausnehmen und servieren.

Weizenkrapfen

Sie benötigen für 4 Personen:

1/4 l Gemüsebrühe
50 g Butter oder ungehärtete Pflanzenmargarine
Meersalz
frisch gemahlenen Pfeffer
1 Prise Muskat
140 g frisch gemahlenes Weizenmehl
40 g Speisestärke
100 g Weizenkeime
4–5 Eier
125 g Parmesan
1 Bund Schnittlauch
Öl zum Ausbacken

So wird's gemacht:

1. Die Gemüsebrühe mit der Butter oder Margarine in einen Topf geben und zum Kochen bringen.
2. Mit Salz, Pfeffer und dem Muskat kräftig würzen.
3. Das Mehl mit einem Kochlöffel so lange in die Flüssigkeit rühren, bis der Teig sich vom Topfboden löst.
4. Vom Feuer nehmen, die mit etwas Wasser angerührte Speisestärke und die gut abgetropften Weizenkeime unter den Teig mischen.
5. Nach und nach die Eier unter den Teig schlagen und zum Schluß den Käse und den feingeschnittenen Schnittlauch unterziehen.
6. Mit einem Löffel Krapfen abstechen und diese im heißen Fett fritieren, warm oder kalt servieren.

Der Tip

Reichen Sie dazu einen gekräuterten Frischkäse und frischen Salat.

Gerstenkuchen mit Gemüse

Sie benötigen für 4 Personen:

- 50 g Butter oder ungehärtete Pflanzenmargarine
- 1 Zwiebel
- 1 rote Paprikaschote
- 1 Bund Frühlingszwiebeln
- 200 g Gerste
- ½ l Gemüsebrühe
- 1 Tasse Weißwein
- 2 Knoblauchzehen
- Meersalz
- frisch gemahlenen Pfeffer
- 2 Tassen Béchamelsoße
- 1 Tasse geriebenen Emmentaler
- Semmelbrösel
- 1 Bund Schnittlauch
- 1 Bund Petersilie
- 1 Prise Muskat
- 3 Eigelb
- 3 Eiweiß
- Öl zum Ausfetten

Außerdem:

- 100 g gekochte Karotten
- 2 Tomaten
- ½ kleine Salatgurke
- ½ Bund Radieschen
- einige Kräuterzweige
- ¼ l Gelatineguß

So wird's gemacht:

1. Die Butter oder Margarine in einem Topf erhitzen und das geputzte, gewaschene und in kleine Würfel geschnittene Gemüse darin glasig dünsten.
2. Die gewaschene Gerste dazugeben und kurz mitdünsten, mit der Brühe und dem Weißwein auffüllen.
3. Die Knoblauchzehen mit Meersalz zerreiben, in die Brühe geben, mit Salz und Pfeffer abschmecken und zugedeckt bei mittlerer Hitze 40 Minuten köcheln lassen.
4. Anschließend den Topf öffnen, auf höchster Stufe so lange kochen lassen, bis die Flüssigkeit verdampft ist.
5. Vom Feuer nehmen und erkalten lassen.
6. Die Béchamelsoße und den Käse unterziehen und eventuell mit etwas Semmelbröseln binden.
7. Die verlesenen Kräuter kleinschneiden, dazugeben, mit Salz, Pfeffer und dem Muskat abschmecken.
8. Die Eigelb unter den Teig rühren und das steifgeschlagene Eiweiß vorsichtig unterheben.
9. Eine Kuchenform ausfetten, mit Semmelbröseln bestreuen und den Teig gleichmäßig darin verteilen.
10. Im auf 180° C vorgeheizten Backofen 40 Minuten backen, herausnehmen und erkalten lassen.
11. Die in Scheiben geschnittenen Karotten und die enthäuteten und in Scheiben geschnittenen Tomaten auf dem Kuchen verteilen.
12. Salatgurken und Radieschen in Scheiben schneiden und auf dem Kuchen dekorativ anrichten.

13. Den Gelatineguß nach Anweisung zubereiten und über das Gemüse verteilen.
14. Den Kuchen im Kühlschrank erkalten lassen, in Scheiben schneiden und mit Mayonnaisentupfen garniert servieren.

Der Tip

Richtige Vegetarier lehnen Gelatine ab und nehmen Agar-Agar, der aus Algen gewonnen wird.

Haferkotelett Mailänder Art

Sie benötigen für 4 Personen:

2 EL Butter oder ungehärtete Pflanzenmargarine
1 Zwiebel
1 kleine Stange Lauch
½ l Gemüsebrühe
1 TL Meersalz
1 TL Thymian
1 EL Majoran
160 g Haferflocken

Außerdem:

3 Eier
2 EL mittelscharfen Senf
1 TL grüne Pfefferkörner
1 Bund Schnittlauch
Semmelbrösel zum Binden
Olivenöl zum Braten

Für die Soße:

2 EL Butter oder ungehärtete Pflanzenmargarine
1 Zwiebel
1 rote Paprikaschote
1 Dose Mais
½ Tasse Tomatenketchup
1 Tasse Gemüsebrühe
1 Tasse Crème fraîche
1 TL Curry
1 TL Paprika edelsüß
einige Tropfen Tabasco
1 Prise Zucker

So wird's gemacht:

1. Die Butter oder die Pflanzenmargarine in einem Topf erhitzen und das geputzte, gewaschene Gemüse darin glasig dünsten.
2. Mit der Brühe auffüllen, mit dem Salz, dem Thymian und dem Majoran würzen und die Haferflocken unterrühren.
3. Zugedeckt bei mittlerer Hitze etwa 30 Minuten ausquellen lassen.
4. Vom Feuer nehmen, erkalten lassen, die Eier, den Senf, die Pfefferkörner und den geschnittenen Schnittlauch untermischen.
5. Mit Semmelbröseln die Masse binden und daraus kleine Koteletts oder Schnitzel formen.

6. Die Koteletts in einer Pfanne mit etwas Olivenöl goldgelb backen, herausnehmen und warm stellen.
7. Für die Soße die Butter oder die Margarine in einem Topf erhitzen und die gewürfelte Zwiebel und Paprikaschote darin glasig dünsten.
8. Den abgetropften Mais dazugeben, mit dem Ketchup und der Brühe auffüllen.

9. Mit der Crème fraîche verfeinern, mit dem Curry, dem Paprika, dem Tabasco, Salz, Pfeffer und dem Zucker abschmecken.
10. Die Koteletts anrichten, mit der Soße überziehen und sofort servieren.

Buchweizenfleckerl mit Pfefferkirschen

Sie benötigen für 4 Personen:

- 100 g Buchweizenmehl
- 3 Eier
- 1 Prise Meersalz
- 1/4 l Milch
- 2 TL Zucker
- Öl zum Ausbacken

Außerdem:

- 2 EL Butter oder ungehärtete Pflanzenmargarine
- 3 EL Zucker
- 1 EL grüne Pfefferkörner
- 2 Tassen Rotwein
- 200 g entsteinte Sauerkirschen
- 1 Prise Nelkenpulver
- 1/2 TL Zimt
- etwas Speisestärke

So wird's gemacht:

1. Das Mehl mit den Eiern, dem Salz, der Milch und dem Zucker zu einem glatten Teig verrühren.
2. Etwas Öl in einer Pfanne erhitzen und den Teig hineingeben.
3. Auf beiden Seiten backen und anschließend mit einer Gabel zerpflücken und warm stellen.
4. Die Butter oder die Pflanzenmargarine in einer Pfanne erhitzen und den Zucker darin karamelisieren lassen.
5. Die Pfefferkörner dazugeben und mit dem Rotwein aufkochen.
6. Die Kirschen untermischen, mit dem Nelkenpulver und dem Zimt würzen und mit der in kaltem Wasser angerührten Speisestärke leicht binden.
7. Die Fleckerl auf Teller verteilen, mit den Kirschen überziehen und servieren.

Hirsepuffer mit Ananaskraut

Sie benötigen für 4 Personen:

1 ½ Tassen Hirse
½ l Gemüsebrühe
2 TL Olivenöl
2 Zwiebeln
Meersalz
frisch gemahlenen weißen Pfeffer
1 EL Majoran
1 Bund Schnittlauch
2 Eier
Haferflocken zum Binden

Außerdem:

Vollkornbrösel
Öl zum Ausbacken

Für das Ananaskraut:

2 EL Butter oder ungehärtete Pflanzenmargarine
1 Zwiebel
4 Scheiben Ananas
500 g Sauerkraut
2 Tassen Gemüsebrühe
1 TL grüne Pfefferkörner
2 EL Honig
1 Kästchen Kresse

So wird's gemacht:

1. Die Hirse waschen, in die kochende Gemüsebrühe geben und bei mittlerer Hitze 20 Minuten quellen lassen.
2. Die feingehackten Zwiebeln in dem Öl goldgelb braten und unter den Hirsebrei mischen.
3. Mit Meersalz, Pfeffer und dem Majoran würzen, den feingeschnittenen Schnittlauch und die Eier unter die erkaltete Masse ziehen und mit den Haferflocken binden.
4. Aus der Masse mit feuchten Händen kleine Puffer formen, in den Vollkornbröseln wenden und im heißen Öl goldgelb braten.

5. Für das Kraut die Butter oder die Margarine in einem Topf erhitzen und die feingehackte Zwiebel darin anbraten.

6. Die in kleine Würfel geschnittene Ananas und das Kraut dazugeben, mit der Gemüsebrühe auffüllen, mit Salz, Pfeffer und den Pfefferkörnern würzen und zugedeckt bei mittlerer Hitze ½ Stunde köcheln lassen.
7. Nochmals abschmecken, mit dem Honig süßen und zum Schluß die verlesene Kresse unterziehen.
8. Die Hirsepuffer anrichten, das Ananaskraut darüber verteilen und sofort servieren.

Gemüse-Hirse-Auflauf

Sie benötigen für 4 Personen:

- 2 EL Butter oder ungehärtete Pflanzenmargarine
- 1 Zwiebel
- 1 Stange Lauch
- 1 rote Paprikaschote
- 2 Karotten
- 100 g blanchierte Erbsen
- 200 g Hirse
- ½ l Gemüsebrühe
- 1 Bund Petersilie
- ½ Bund Zitronenmelisse
- einige Blätter Löwenzahn
- 2 Eier
- 100 g geriebenen Gouda
- Meersalz
- gemahlenen schwarzen Pfeffer

Außerdem:

- Öl zum Ausfetten
- 100 g Mozzarella

So wird's gemacht:

1. Die Butter oder die Margarine in einem Topf erhitzen und die feingehackte Zwiebel darin glasig dünsten.
2. Das geputzte, gewaschene und in kleine Würfel geschnittene Gemüse und die Erbsen dazugeben und kurz mitdünsten.
3. Die gewaschene Hirse unterrühren, mit der Gemüsebrühe auffüllen und zugedeckt 20 Minuten köcheln lassen.
4. Vom Feuer nehmen, die gehackten Kräuter, die Eier und den Gouda unterziehen.
5. Mit Salz und Pfeffer abschmecken und in eine ausgefettete Auflaufform füllen.
6. Mit dem in Scheiben geschnittenen Mozzarella belegen und in dem auf 200° C vorgeheizten Backofen 15–20 Minuten backen.
7. Herausnehmen und sofort servieren.

Salate

Eine vegetarische Küche ohne Salate ist wie eine Suppe ohne Salz. Mit Nudeln oder Getreide gemischt, sind Salate eine leichte Abendmahlzeit. Die vielfältigen Rohkostvariationen dagegen sind der Auftakt eines vegetarischen Menüs und Garanten für eine gute Vitamin- und Mineralstoffversorgung.

Vollkorn-Nudelsalat

Sie benötigen für 4 Personen:

500 g gekochte Vollkornnudeln
(175 g Rohprodukt)
1 Zwiebel
1 Dose Mais
1 Dose Kidney beans
2 Tomaten
1 rote Paprikaschote
1 grüne Paprikaschote
150 g Emmentaler

Für das Dressing:

1 Tasse saure Sahne
1 Tasse Joghurt
½ Tasse Curryketchup
1 Prise Paprikapulver
1 Prise Curry
1 EL Johannisbeergelee
4 EL Obstessig
Meersalz
frisch gemahlenen Pfeffer
einige Tropfen Tabasco
1 Bund Petersilie
1 Bund Schnittlauch

So wird's gemacht:

1. Die Vollkornnudeln in eine Schüssel geben.
2. Die Zwiebel fein hacken, mit dem gut abgetropften Mais und den Kidney beans zu den Nudeln geben.
3. Die Tomaten enthäuten, entkernen und würfeln, die Paprikaschoten putzen und in Streifen schneiden.
4. Den Emmentaler ebenfalls in kleine Streifen schneiden und mit dem übrigen Gemüse zu den Nudeln geben. Alles vorsichtig miteinander vermischen.
5. Die saure Sahne mit dem Joghurt und dem Curryketchup glattrühren, mit dem Paprikapulver, dem Curry, dem Johannisbeergelee und dem Obstessig würzen.
6. Mit Salz und Pfeffer abschmekken, mit Tabasco schärfen.
7. Den Salat damit anmachen und im Kühlschrank mindestens ½ Stunde ziehen lassen.
8. Nochmals vermischen, abschmecken, mit den feingeschnittenen Kräutern bestreut servieren.

Der Tip

Dieser Salat ist so reichhaltig, daß er eine ganze Mahlzeit ersetzen kann.

Schmetterlingssalat

Sie benötigen für 4 Personen:

500 g gekochte Eiernudeln (Schmetterlinge),
(175 g Rohprodukt)
1 rote Paprikaschote
1 grüne Paprikaschote
100 g frische Champignons
4 Tomaten
200 g frische Erdbeeren
1 Bund Zitronenmelisse
1 Bund Pfefferminze
1 Kästchen Kresse

Für das Dressing:

1 Tasse Gemüsebrühe
1 Tasse Weißwein
4 EL Obstessig
4 EL Erdnußöl
Meersalz
frisch gemahlenen Pfeffer
1 Prise Zucker
4 cl Weinbrand

So wird's gemacht:

1. Die Eiernudeln in eine Schüssel geben.
2. Die Paprikaschoten putzen, waschen und in Streifen schneiden.
3. Die Champignons putzen und in Scheiben schneiden.
4. Die Tomaten enthäuten, entkernen und in Streifen schneiden.
5. Die Erdbeeren putzen, waschen und halbieren.
6. Die Kräuter verlesen, waschen, fein hacken, mit den übrigen Zutaten zu den Nudeln geben und alles vorsichtig miteinander vermischen.
7. Die Gemüsebrühe mit dem Weißwein, dem Obstessig und dem Erdnußöl verrühren.
8. Mit Meersalz, Pfeffer und Zucker würzen und mit Weinbrand aromatisieren.
9. Den Salat damit anmachen, 1/2 Stunde im Kühlschrank ziehen lassen und anschließend servieren.

Sauerkraut-Rohkost

Sie benötigen für 4 Personen:

400 g Sauerkraut
4 Scheiben Ananas
4 Tomaten
1 Kästchen Kresse
2 Tassen Magerjoghurt
Saft von einer Orange
Meersalz
frisch gemahlenen Pfeffer
einige Tropfen Worcestersoße

So wird's gemacht:

1. Das Sauerkraut zerpflücken und mit den in kleine Würfel geschnittenen Ananasscheiben in eine Schüssel geben.
2. Die Tomaten enthäuten, entkernen, würfeln und mit der verlesenen Kresse unter das Sauerkraut heben.
3. Den Magerjoghurt mit dem Orangensaft glattrühren, mit Meersalz, Pfeffer und Worcestersoße abschmecken.
4. Den Salat damit anmachen, in 4 Cocktailgläser geben und servieren.

Sellerie-Rohkost

Sie benötigen für 4 Personen:

400 g Sellerie
2 säuerliche Äpfel
100 g feingeriebene Walnüsse
Saft von einer Zitrone
1 Tasse Joghurt
1 Tasse Crème fraîche
Meersalz
frisch gemahlenen Pfeffer
1 Prise Zucker
1 TL mittelscharfen Senf
1 Bund Schnittlauch

Der Tip

Falls Ihnen der rohe Sellerie im Geschmack zu streng ist, können Sie auch gekochten und kleingeschnittenen Knollensellerie verwenden.

So wird's gemacht:

1. Den Sellerie schälen und grob raspeln.
2. Die Äpfel ebenfalls schälen, entkernen, grob raspeln und unter den Sellerie mischen.
3. Die Walnüsse mit dem Zitronensaft darunterheben.
4. Den Joghurt mit der Crème fraîche glattrühren, mit Meersalz, Pfeffer, Zucker und dem Senf würzen und den Salat damit anmachen.
5. In Gläsern anrichten, mit frisch geschnittenem Schnittlauch bestreut servieren.

Rote-Bete-Rohkost

Sie benötigen für 4 Personen:

400 g rote Bete
2 Mandarinen
1 Bund Frühlingszwiebeln
Saft von einer Zitrone
1 EL Nußöl
Meersalz
frisch gemahlenen Pfeffer
1 Tasse saure Sahne
1 Kästchen Kresse

So wird's gemacht:

1. Die rote Bete in sehr dünne Streifen schneiden oder grob raspeln.
2. Die Mandarinen schälen und filetieren und mit den in kleine Streifen geschnittenen Frühlingszwiebeln und der roten Beten vermischen.
3. Mit dem Zitronensaft, dem Nußöl, Meersalz und Pfeffer abschmecken.
4. Auf 4 Cocktailgläser verteilen, mit je 1 Klacks saurer Sahne und verlesener Kresse garniert servieren.

Der Tip

Eine schmackhafte Variation der Rote-Bete-Rohkost erhalten Sie, wenn unter den Salat ½ TL geriebener Meerretich gegeben wird.

Karotten-Orangen-Rohkost

Sie benötigen für 4 Personen:

400 g Karotten
2 Orangen
100 g gehackte Walnüsse
1 Bund Kerbel
Meersalz
frisch gemahlenen Pfeffer
Saft von einer Zitrone
1 EL Nußöl

So wird's gemacht:

1. Die Karotten schälen, grob raspeln und in eine Schüssel geben.
2. Die Orangen filetieren, kleinschneiden und mit den Walnüssen unter die Karotten mischen.
3. Den Kerbel verlesen, waschen, fein hacken und ebenfalls zu den Karotten geben.
4. Mit Meersalz, Pfeffer, Zitronensaft und Öl mischen.
5. Den Salat in Sektkelchen anrichten und servieren.

Griechischer Salat

Sie benötigen für 4 Personen:

3 Tomaten
1 rote Paprikaschote
1 grüne Paprikaschote
2 kleine Zwiebeln
1 kleines Glas gefüllte Oliven
1 kleinen Kopf Radicchio
1 kleinen Kopf grünen Salat
100 g Schafskäse
4 EL Olivenöl
3–4 EL Obstessig
½ Tasse Weißwein
Meersalz
frisch gemahlenen Pfeffer
1 Prise Zucker
1 Bund Schnittlauch

So wird's gemacht:

1. Die Tomaten achteln.

2. Die Paprikaschoten und die Zwiebeln in dünne Streifen schneiden.
3. Die gefüllten Oliven halbieren und mit den übrigen Zutaten in einer Schüssel mischen.
4. Den Radicchio und den grünen Salat putzen, waschen, abtropfen lassen und zerpflücken.
5. Den Schafskäse in kleine Würfel schneiden und mit den übrigen Zutaten vorsichtig vermischen.
6. Das Olivenöl mit dem Obstessig und dem Weißwein verrühren, mit Meersalz, Pfeffer und Zucker abschmecken und den Salat damit anmachen.
7. Den frisch geschnittenen Schnittlauch über dem Salat verteilen und sofort servieren.

Bunte Kräuterschüssel

Sie benötigen für 4 Personen:

100 g Feldsalat
100 g junge Spinatblätter
50 g Sauerampfer
50 g Brunnenkresse
50 g junge Brennessel
150 g Erdbeeren
150 g Himbeeren
100 g jungen Gouda
100 g Edelpilzkäse

Für das Dressing:

1 Tasse Joghurt
1 Tasse saure Sahne
4 EL Obstessig
2 EL Johannisbeergelee
1 EL mittelscharfen Senf
1 TL Curry
Meersalz
frisch gemahlenen Pfeffer
einige Tropfen Worcestersoße
1 Bund Schnittlauch

So wird's gemacht:

1. Den Salat verlesen, waschen, zerpflücken, gut abtropfen lassen und in einer Schüssel vorsichtig vermischen.
2. Die Erdbeeren und die Himbeeren verlesen, waschen, gut abtropfen lassen und zum Salat geben.
3. Den Gouda und den Edelpilzkäse in kleine Würfel schneiden, zum Salat geben und alle Zutaten vorsichtig miteinander vermischen.
4. Den Joghurt mit der sauren Sahne, dem Obstessig, dem Johannisbeergelee und dem Senf glattrühren.
5. Mit dem Curry, Salz, Pfeffer und Worcestersoße abschmecken.
6. Den Salat damit anmachen, vorsichtig vermischen und in Gläsern anrichten.
7. Den frisch geschnittenen Schnittlauch darüberstreuen und sofort servieren.

Gebackenes – mal süß, mal salzig

Versuchen Sie sich in der Backstube der Vegetarier. Die Verwendung von Vollkornmehl und Honig ist vielleicht am Anfang etwas ungewohnt. Aber Sie werden sehen, sie passen gut zu vielen Obst- und Gemüsesorten.

Eierwaffeln mit Kressequark

Sie benötigen für 4 Personen:

- 250 g saure Sahne
- 4 Eier
- 4–6 EL Vollkornmehl
- 50 g Butter oder ungehärtete Pflanzenmargarine
- Meersalz
- frisch gemahlenen Pfeffer
- 1 Prise Muskat
- 1 Bund Schnittlauch

Außerdem:

- 150 g Magerquark
- 1 Tasse Crème fraîche
- 2 EL mittelscharfen Senf
- 2 EL eingelegte grüne Pfefferkörner
- Saft von einer Zitrone
- einige Spritzer Worcestersoße
- 1 Prise Zucker
- 1 Kästchen Kresse
- 4 Tomaten

So wird's gemacht:

1. Die saure Sahne mit den Eiern, dem Mehl und der Butter verrühren.
2. Mit Meersalz, Pfeffer und dem Muskat würzen und den feingehackten Schnittlauch unterziehen.
3. Portionsweise auf ein Waffeleisen geben und backen.
4. Herausnehmen und warmstellen.
5. Den Magerquark mit der Crème fraîche, dem Senf, den grünen Pfefferkörnern und dem Zitronensaft glattrühren.
6. Mit Worcestersoße, Meersalz, Pfeffer und dem Zucker abschmecken.
7. Die verlesene, feingehackte Kresse unter den Quark mischen.

8. Die enthäuteten und in Scheiben geschnittenen Tomaten auf den Waffeln anrichten.
9. Den Quark darauf verteilen und servieren.

Der Tip

Der Kressequark eignet sich auch als Aufstrich zu einem herzhaften Vollkornbrot.

Champignonkrapfen

Sie benötigen für 4 Personen:

- 50 g Butter oder Margarine
- 1/4 l Gemüsebrühe
- 1 Prise Meersalz
- 150 g Vollkornmehl
- 4 mittelgroße Eier
- 1/2 TL Backpulver
- Öl zum Ausbacken

Für die Füllung:

- 1 EL Butter
- 250 g frische Champignons
- 200 g Kräuterfrischkäse
- 1/2 Tasse Weißwein
- 1/2 Bund Petersilie
- 2 Tomaten
- 1 EL eingelegte grüne Pfefferkörner
- Meersalz
- frisch gemahlenen Pfeffer
- 1 Prise Kümmel
- einige Spritzer Worcestersoße

So wird's gemacht:

1. Die Butter, die Gemüsebrühe und das Meersalz in einen Topf geben und zum Kochen bringen.
2. Das Mehl unterrühren, so lange rühren, bis sich das Ganze vom Topfboden löst und vom Feuer nehmen.
3. Die Eier nach und nach unter den Teig schlagen und zum Schluß das Backpulver unterziehen.
4. Mit 2 Teelöffeln kleine Klößchen abstechen.
5. Die Klößchen in heißem Öl goldgelb ausbacken, herausnehmen und warm stellen.
6. Für die Füllung die Butter erhitzen und die geputzten und blättrig geschnittenen Champignons andünsten. Kurz abkühlen lassen und mit dem Kräuterfrischkäse und dem Weißwein verrühren.
7. Die feingehackte Petersilie und die enthäuteten, entkernten und in Würfel geschnittenen Tomaten sowie die Pfefferkörner darunterziehen.
8. Mit Meersalz, Pfeffer, dem Kümmel und Worcestersoße abschmecken.
9. Die Klößchen halbieren und die Füllung hineingeben.
10. Den Deckel obenauf setzen und so servieren.

Der Tip

Anstelle der Champignons können Sie auch verschiedene frische Kräuter wie Basilikum, Thymian u. a. mit dem Frischkäse verrühren.

Schafskäsepie

Sie benötigen für 4 Personen:

8 Scheiben Blätterteig (TK-Produkt)
40 g Butter oder Margarine
40 g Mehl
1 Tasse Weißwein
1/4 l Milch
500 g Schafskäse
6 Eier
1 Bund Schnittlauch
1 Bund Petersilie
2 Knoblauchzehen
Meersalz
frisch gemahlenen Pfeffer
1 Prise Muskat
Öl zum Ausfetten
2 Eigelb
1 TL zerstoßene Korianderkörner
1 TL gestoßenen Kümmel
1 TL gestoßenen Kardamom

So wird's gemacht:

1. Je 2 Blätterteigscheiben auf die Größe einer Springform ausrollen.
2. Die Butter oder die Margarine in einem Topf erhitzen und das Mehl darin anschwitzen.
3. Unter ständigem Rühren mit dem Weißwein und der Milch auffüllen und nur einmal aufkochen lassen, vom Feuer nehmen und den Schafskäse hineinbröckeln.
4. Die Eier daruntergeben und die verlesenen, gewaschenen und feingehackten Kräuter unterziehen.
5. Die mit Meersalz zerriebenen Knoblauchzehen in die Käsemasse geben, mit Meersalz, Pfeffer und dem Muskat abschmecken.
6. Die Blätterteigböden abwechselnd mit der Käsesoße schichtweise in die gefettete Auflaufform füllen.
7. Die letzte Schicht sollte eine Blätterteigscheibe sein.
8. Diese mit dem mit etwas Wasser verrührten Eigelb bestreichen und mit den zerstoßenen Gewürzen bestreuen.
9. Im auf 200° C vorgeheizten Backofen etwa 30 Minuten backen, herausnehmen und servieren.

Der Tip

Sie können den Schafskäse auch durch jede andere Käsesorte ersetzen.

Fruchtpizza

Sie benötigen für 4 Personen:

Für den Teig:

400 g Vollkornmehl
1 Päckchen Trockenhefe
1 Päckchen Vanillezucker
1 EL geriebene Orangenschale
1 Prise Meersalz
gut 1/4 l lauwarmes Wasser
2 EL Öl

Für den Belag:

4 Scheiben Ananas
4 Pfirsichhälften
4 Bananen
4 Kiwis
1 kleines Glas Kaiserkirschen

Außerdem:

200 g Magerquark
1 Tasse Sahne
4 Eier
1 Päckchen Vanillezucker
2 EL Zucker
4 cl Orangenlikör

So wird's gemacht:

1. Das Mehl mit der Trockenhefe, dem Vanillezucker, der Orangenschale und dem Meersalz vermischen.
2. Das Wasser und das Öl angießen und alles zu einem glatten Teig verarbeiten.
3. Mit einem feuchten Tuch abdecken und mindestens 1/2 Stunde gehen lassen.
4. Anschließend dünn ausrollen auf 4 Pizzaformen verteilen.

5. Die Ananas, die Pfirsichhälften, die geschälten Bananen und Kiwis in kleine Stücke schneiden und auf den Pizzas verteilen.

6. Die abgetropften Kaiserkirschen darübergeben.
7. Den Magerquark mit der Sahne und den Eiern glattrühren, mit dem Vanillezucker und dem Zucker süßen.
8. Mit dem Orangenlikör abschmecken und die Quarkmasse gleichmäßig auf die Früchte verteilen.
9. Im auf 200° C vorgeheizten Backofen 20–25 Minuten backen, herausnehmen und sofort servieren.

Gemüsepizza

Sie benötigen für 4 Personen:

Für den Teig:

200 g Weizenmehl Typ 405
200 g Weizenvollkornmehl
1 Päckchen Trockenhefe
1 EL Zucker
1/4 l lauwarmes Wasser
1 TL Meersalz
2 EL Olivenöl

Für den Belag:

4 EL Tomatenmark
1 kleine Zucchini
1 Gemüsezwiebel
1 rote Paprikaschote
100 g frische Champignons
4 Tomaten
Meersalz
frisch gemahlenen Pfeffer
1 Bund Oregano
1 Bund Schnittlauch
200 g Mozzarella

So wird's gemacht:

1. Das Mehl mit der Trockenhefe und dem Zucker vermischen.
2. Das lauwarme Wasser angießen, salzen, das Öl dazugeben und alles zu einem glatten Teig verarbeiten.
3. Mit einem feuchten Tuch abdecken und 1/2 Stunde an einem warmen Ort gehen lassen.
4. Nochmals gut durcharbeiten, dünn ausrollen und 4 Pizzaformen damit auslegen.
5. Jede Pizza mit 1 EL Tomatenmark bestreichen.

6. Die Zucchini und die Zwiebel in dünne Scheiben schneiden.
7. Die Paprikaschote halbieren, waschen und in dünne Streifen schneiden.
8. Die Champignons putzen, waschen und in Scheiben schneiden.
9. Die Tomaten enthäuten und in Scheiben schneiden.
10. Die Zutaten abwechselnd auf den Pizzas verteilen, mit Meersalz, Pfeffer und dem feingehackten Oregano und Schnittlauch bestreuen.
11. Den in Scheiben geschnittenen Mozzarella daraufgeben und in den auf 200° C vorgeheizten Backofen schieben.
12. Etwa 20 Minuten backen, herausnehmen und servieren.

Lothringer Quiche

Sie benötigen für 4 Personen:

Für den Teig:

300 g Vollkornmehl
300 g Butter oder Margarine
2 Eigelb
ca. 5 EL Wasser
1 TL Meersalz

Für den Belag:

2 EL Butter oder ungehärtete Pflanzenmargarine
2 Gemüsezwiebeln
2 Stangen Lauch
Meersalz
frisch gemahlenen Pfeffer
1 Prise Muskat
½ TL gemahlenen Kümmel
300 g süße Sahne
4 Eier
1 Bund Schnittlauch
1 Bund Petersilie

So wird's gemacht:

1. Das Mehl auf eine Arbeitsfläche geben und die Butter in Flöckchen darauf verteilen.

2. Die Eigelbe, das Wasser und das Meersalz dazugeben und alles von außen nach innen schnell zu einem glatten Teig verarbeiten.

3. Den Teig mindestens 1 Stunde im Kühlschrank ruhen lassen.

4. Für den Belag die Butter oder Margarine in einem Topf erhitzen, die Zwiebeln und den Lauch putzen, waschen, in Scheiben schneiden und in der Butter glasig dünsten.

5. Mit Meersalz, Pfeffer, dem Muskat und dem Kümmel abschmecken.

6. Anschließend den Teig dünn ausrollen und eine Backform oder ein Backblech damit auslegen.

7. Mit einer Gabel einstechen und das Gemüse verteilen.

8. Die Sahne mit den Eiern verschlagen, salzen, pfeffern und die kleingeschnittenen Kräuter unterziehen.

9. Über das Gemüse geben und im auf 200° C vorgeheizten Backofen 30 Minuten backen.

10. Herausnehmen und warm oder kalt servieren.

Gewürzfladen

Sie benötigen für 4 Personen:

350 g Weizenmehl Typ 1050
150 g Weizen-Vollkornschrot Typ 1700
1 Päckchen Trockenhefe
1 TL Meersalz
1 EL Honig
1/8 l Milch
1/8 l Wasser
50 g Butter oder ungehärtete Pflanzenmargarine
1 TL Kümmel
1 TL Koriander
1 TL Kardamom

Außerdem:

4 EL Milch
4 EL Sesamkörner
Öl zum Ausfetten

So wird's gemacht:

1. Das Mehl mit der Hefe, dem Meersalz und dem Honig in einer Schüssel vermischen.
2. Die Milch, das Wasser, die Butter oder Margarine und die Gewürze dazugeben und alles zu einem geschmeidigen Teig verarbeiten.
3. Zugedeckt an einem warmen Ort 30 Minuten gehen lassen.
4. Nochmals gut durcharbeiten und kleine Fladen daraus formen.
5. Auf ein gefettetes Backblech legen.
6. Mit Milch bestreichen und mit den Sesamkörnern bestreuen.
7. Im auf 200° C vorgeheizten Backofen 25–30 Minuten backen, herausnehmen, warm oder kalt servieren.

Kräuterbrötchen

Sie benötigen für 4 Personen:

500 g frisch gemahlenes Weizenvollkornmehl
1 Päckchen Trockenhefe
1 TL Meersalz
1 EL Zucker
1/4 l Milch
50 g Butter oder ungehärtete Pflanzenmargarine
2 Eigelb
1 EL Majoran
1 TL Thymian
1/2 Bund Petersilie
1/2 Bund Schnittlauch

Außerdem:

2 Eigelb
1 EL Kümmel
1 EL Koriander

So wird's gemacht:

1. Das Mehl in eine Schüssel geben, mit der Trockenhefe, dem Salz und dem Zucker vermischen.
2. Die lauwarme Milch mit der Butter und den Eigelben dazugeben.
3. Den Majoran, den Thymian und die verlesenen, gewaschenen und kleingeschnittenen Kräuter dazugeben und alles zu einem kompakten Teig verarbeiten.
4. Zugedeckt an einem warmen Ort 30 Minuten gehen lassen.
5. Nochmals gut durchkneten und auf einer bemehlten Arbeitsfläche 2–3 cm dick ausrollen.
6. Mit einer runden Form kleine Brötchen ausstechen.
7. Auf ein bemehltes Backblech legen und nochmals 10 Minuten gehen lassen.
8. Mit dem mit Wasser verrührten Eigelb bestreichen und mit dem Kümmel und dem Koriander bestreuen.
9. Im auf 200° C vorgeheizten Backofen 15 Minuten backen, herausnehmen und warm oder kalt servieren.

Buttermilchbrot

Sie benötigen für 1 Brot:

675 g frisch gemahlenes Dinkelmehl
1 Päckchen Trockenhefe
½ l Buttermilch
2 EL Honig
1 TL Meersalz
1 TL gemahlenen Kümmel
1 TL gemahlenen Koriander
1 Msp. Piment
Öl zum Ausfetten

So wird's gemacht:

1. Das Mehl in eine Schüssel geben und mit der Trockenhefe vermischen.
2. Die Buttermilch und den Honig dazugeben und alles zu einem geschmeidigen Teig verrühren.
3. Mit dem Meersalz, dem Kümmel, dem Koriander und dem Piment würzen.
4. Eine Brotform ausfetten und den Teig hineingeben.
5. Zugedeckt an einem warmen Ort 30 Minuten gehen lassen.
6. In den auf 200° C vorgeheizten Backofen schieben und 45–50 Minuten backen, herausnehmen, erkalten lassen und servieren.

Der Tip

Dinkel ist eine besondere Weizenart, die auch durch anderen Weizen ersetzt werden kann.

Süßer Maisfladen mit Erdbeerbutter

Sie benötigen für 4 Personen:

150 g Weizenvollkornmehl
150 g feines Maismehl
1 TL Backpulver
1 Prise Meersalz
1 Tasse Joghurt
½ Tasse Honig
2 Eier
4 EL Öl

Für die Butter:

250 g Erdbeeren
Saft von einer Zitrone
150 g Butter
2 Päckchen Vanillezucker

So wird's gemacht:

1. Das Mehl mit dem Backpulver und dem Meersalz in einer Schüssel vermischen.
2. Den Joghurt, den Honig, die Eier und das Öl dazugeben und zu einem glatten Teig verarbeiten.
3. Dünne Fladen ausrollen, in eine bemehlte Springform oder Pizzaform legen und im Ofen bei 200° C 10 Minuten backen.
4. In der Zwischenzeit die Erdbeeren putzen, waschen und pürieren.
5. Den Zitronensaft dazugeben und die Butter schaumig schlagen.
6. Die Erdbeeren zu der Butter geben und mit Vanillezucker süßen.
7. Mit dem Schneebesen kräftig verschlagen und im Kühlschrank erstarren lassen.
8. Die Maisfladen mit der Erdbeerbutter servieren.

Maisbällchen

Sie benötigen für 4 Personen:

2 Eier
50 g Honig
50 g Weizenvollkornmehl
50 g geriebene Mandeln
250 g Mais aus der Dose
Öl zum Ausbacken

Für die Soße:

50 g brauner Zucker
2 EL Butter
2 Tassen Rotwein
250 g Sauerkirschen
½ TL Zimt
1 Päckchen Vanillezucker
etwas Speisestärke

So wird's gemacht:

1. Die Eier mit dem Honig schaumig schlagen.
2. Das Mehl und die Mandeln unterziehen.
3. Den gut abgetropften Mais darunterheben.
4. Mit 2 Teelöffeln kleine Klößchen abheben und in heißem Öl goldgelb backen, herausnehmen und warm stellen.

5. Für die Soße den Zucker und die Butter in einer Pfanne karamelisieren lassen.
6. Mit dem Rotwein ablöschen, die Sauerkirschen dazugeben und kurz aufkochen lassen.
7. Mit dem Zimt und dem Vanillezucker würzen und mit Speisestärke leicht binden.
8. Die Maisbällchen mit der Sauerkirschsoße servieren.

Dickmilchtorte

Sie benötigen für 4 Personen:

Für den Teig:

- 2 Eier
- 80–100 g Honig
- 100 g feingemahlenes Weizenvollkornmehl
- 1 TL Backpulver
- 1 Päckchen Vanillezucker

Für die Füllung:

- 500 g Dickmilch
- ¼ l Sahne
- 75 g Honig
- 1 Päckchen Vanillezucker
- 1½ TL Agar-Agar

Zum Garnieren:

- 100 g Früchte Ihrer Wahl
- 1 Päckchen Tortenguß
- 100 g Mandelblättchen

So wird's gemacht:

1. Die Eier mit dem Honig in einer Schüssel schaumig schlagen.
2. Das Mehl mit dem Backpulver und dem Vanillezucker vermischen und zum Eischaum geben.
3. Zu einem glatten Teig verarbeiten und in eine ausgefettete Springform geben.
4. Im auf 200° C vorgeheizten Backofen etwa 20 Minuten backen, herausnehmen und erkalten lassen.
5. In der Zwischenzeit die Dickmilch in eine Schüssel geben.
6. Die Sahne steif schlagen.
7. Den Honig und den Vanillezucker unter die Dickmilch rühren.
8. Den Agar-Agar nach Pakkungsvorschrift auflösen, unter die Dickmilch mischen und mindestens 20 Minuten darin quellen lassen. (Agar-Agar ist ein Produkt aus Algen und wird wie Gelatine verwendet.)
9. Die steifgeschlagene Sahne vorsichtig darunterheben.
10. 5 Minuten ruhen lassen und auf dem Teigboden gleichmäßig verteilen.
11. Mit den Früchten Ihrer Wahl garnieren und mit dem Tortenguß überziehen. Im Kühlschrank vollständig erkalten lassen, dann die Torte aus der Form nehmen.

12. Die Mandelblättchen rösten und den Tortenrand damit verzieren.

Der Tip

Sie können die Dickmilch auch durch Buttermilch oder Joghurt ersetzen.

Süße Träumereien vom Müsli zum Dessert

Das Müsli ist ein ständiger Bestandteil eines vegetarischen Frühstücks. Aus Früchten, Milchprodukten, Nüssen und Honig lassen sich süße, lockere und leichte Desserts zaubern, die jedes vegetarische Menü vollenden.

Sechskornmüsli mit Himbeerschaum

Sie benötigen für 4 Personen:

120 g gemischte Getreidekörner
oder 250 g Sechskornflocken

Für den Himbeerschaum:

1 Tasse Milch
4 Eigelb
1 Päckchen Vanillezucker
1 Tasse Crème fraîche
2 Tassen Joghurt
3–4 EL Honig
150 g frische Himbeeren

So wird's gemacht:

1. Die Körnermischung grob schroten, mit Wasser zu einem dicken Brei verrühren und über Nacht einweichen. (Getreideflocken müssen nicht eingeweicht werden.)

2. Die Milch mit den Eigelben und dem Vanillezucker glattrühren und vorsichtig im Wasserbad oder auf dem Herd cremig schlagen.
3. Vom Feuer nehmen, die Crème fraîche und den Joghurt darunterheben.
4. Mit dem Honig je nach Geschmack süßen.
5. Die verlesenen und gewaschenen Himbeeren unter den Schaum heben, das Getreide oder die Flocken dazugeben und servieren.

Orangenmüsli mit Schokoladenmilch

Sie benötigen für 4 Personen:

2 Orangen
250 g Haferflocken
½ l Milch
100 g Blockschokolade
50 g Kokosflocken
1 Päckchen Vanillezucker
2–3 EL Honig
1 Msp. Zimt

So wird's gemacht:

1. Die Orangen filetieren und in kleine Stücke schneiden.

2. Die Früchte mit den Flocken mischen.
3. Die Milch erhitzen und die Schokolade darin auflösen.
4. Die Kokosflocken, den Vanillezucker, den Honig und den Zimt darunterziehen.
5. Das Müsli anrichten, mit der Schokomilch begießen und sofort servieren.

Corn-flakes mit Heidelbeermilch

Sie benötigen für 4 Personen:

200 g Corn-flakes
2 EL Butter oder Margarine
50 g Zucker
½ l Milch
1 Päckchen Vanille-Soßenpulver
1 Zimtstange
150 g Heidelbeeren
1 Tasse Crème fraîche
4 EL Rosinen
4 EL gehackte Mandeln

So wird's gemacht:

1. Die Corn-flakes auf 4 Teller verteilen.
2. Die Butter oder Margarine in einer Pfanne erhitzen und den Zucker karamelisieren lassen.
3. Die Milch dazugeben und den Zucker loskochen.
4. Das angerührte Vanille-Soßenpulver unter die Milch ziehen.
5. Die Zimtstange dazugeben und einmal aufkochen lassen.
6. Die verlesenen Heidelbeeren mit der Crème fraîche unter die Vanillesoße ziehen.

7. Die Heidelbeermilch über die Corn-flakes verteilen, mit Rosinen und gehackten Mandeln bestreut servieren.

Studentenflakes

Sie benötigen für 4 Personen:

200 g Corn-flakes
50 g Haselnüsse
50 g Pinienkerne
50 g Walnüsse
50 g ungesalzene Erdnüsse
100 g Rosinen
1 Banane
1 Apfel
½ l Milch
4 EL Honig
1 EL Zitronensaft
2 EL Schokostreusel

So wird's gemacht:

1. Die Corn-flakes mit den gehackten Nüssen vermischen und auf 4 Teller verteilen.
2. Die Rosinen mit der in Würfel geschnittenen Banane und dem geraspelten Apfel vermischen und über die Corn-flakes geben.

3. Die Milch mit dem Honig und dem Zitronensaft mischen und die Corn-flakes damit übergießen.
4. Mit den Schokostreuseln bestreut servieren.

Haferflocken mit Kirschsahne

Sie benötigen für 4 Personen:

200 g Haferflocken
1/4 l frisch gepreßter Orangensaft
250 g Sauerkirschen
1 Päckchen Vanillezucker
1 Tasse Sahne
1 Msp. Zimt
1 Tasse Crème fraîche
3 EL Honig

So wird's gemacht:

1. Die Haferflocken auf 4 Teller verteilen und den Orangensaft angießen.
2. Die Sauerkirschen mit dem Vanillezucker und der geschlagenen Sahne mischen, mit dem Zimt würzen.
3. Die Crème fraîche unterziehen, die Creme mit dem Honig süßen, zu den Haferflocken geben und sofort servieren.

Der Tip

Probieren Sie neben Haferflocken auch einmal andere Getreideflocken aus Weizen, Gerste und Roggen aus.

Buttermilchflocken mit Honig

Sie benötigen für 4 Personen:

- 200 g Haferflocken
- ½ l Buttermilch
- 4 EL Honig
- 100 g Mandelsplitter
- 2 Kiwis
- 100 g Erdbeeren
- 100 g Johannisbeeren
- 2 Orangen

So wird's gemacht:

1. Die Haferflocken auf 4 Teller verteilen.
2. Die Buttermilch mit dem Honig und den Mandelsplittern verrühren und unter die Haferflocken geben.
3. Die Kiwis schälen und in kleine Würfel schneiden.
4. Die Erdbeeren putzen, waschen und halbieren.
5. Die Johannisbeeren verlesen, waschen und gut abtropfen lassen.
6. Die Orangen filetieren und kleinschneiden.
7. Die Früchte miteinander vermischen, zu den Haferflocken geben und servieren.

Feines Reisdessert

Sie benötigen für 4 Personen:

1 l Wasser
60 g Rundkornreis
¼ l Milch
4 EL Honig
1 TL geriebene Zitronenschale
1 Päckchen Vanillezucker
2 TL Agar-Agar
100 g Erdbeeren
100 g Kaiserkirschen
100 g Weintrauben
100 g Johannisbeeren
2 Tassen Sahne

So wird's gemacht:

1. Das Wasser zum Kochen bringen und den Reis darin 5 Minuten sprudelnd kochen lassen.
2. Abgießen und gut abtropfen lassen.
3. Die Milch in einen Topf geben, den Reis dazugeben, mit dem Honig, der Zitronenschale und dem Vanillezucker würzen.
4. Den Reis zum Kochen bringen und etwa 15 Minuten ausquellen lassen, evtl. noch etwas Milch dazugeben.
5. Vom Feuer nehmen und den eingeweichten Agar-Agar darin auflösen.
6. Die Früchte putzen, waschen und evtl. kleinschneiden.
7. Die Sahne sehr steif schlagen und unter die Reismasse heben.
8. Den Reis und die Früchte in Schichten in die Gläser füllen. Erstarren lassen und servieren.

Der Tip

Sie können dieses feine Reisdessert auch mit anderen Früchten Ihrer Wahl zubereiten.

Apfelsorbet mit Pfefferminze

Sie benötigen für 4 Personen:

4 große säuerliche Äpfel
1 Tasse Weißwein
½ Tasse Wasser
5 EL Honig
Saft von einer Zitrone
1 Bund Pfefferminze

So wird's gemacht:

1. Die Äpfel schälen, entkernen und in kleine Würfel schneiden.

2. Mit dem Weißwein und dem Wasser in einen Mixer geben und pürieren.
3. Den Honig und den Zitronensaft zu dem Apfelmus geben.
4. Das Apfelmus in eine Gefrierform geben und frosten lassen.
5. Während des Frostvorgangs öfter mit dem Schneebesen umrühren.
6. Kurz bevor das Eis fest wird, die feingehackte Pfefferminze unterziehen.
7. Vor dem Servieren wird das Eis mit dem Mixer püriert und in Gläser gefüllt.

Hausgemachtes Mandeleis

Sie benötigen für 4 Personen:

4 Eier
80 g Honig
2 Päckchen Vanillezucker
1 Becher Sahne
4 cl Mandellikör

Außerdem:

1 Tasse geschlagene Sahne
2 EL Butter oder Margarine
6 EL Mandelsplitter

So wird's gemacht:

1. Die Eier mit dem Honig und dem Vanillezucker schaumig schlagen.
2. Die Sahne sehr steif schlagen.
3. Die Eimasse, die Sahne und den Mandellikör miteinander vermischen und in eine Gefrierform geben.
4. In der Tiefkühltruhe oder im Eisfach frosten.
5. Zum Servieren portionieren und in Gläser füllen.
6. Mit je einem Klacks Sahne garnieren.
7. Die Butter in einer Pfanne erhitzen und die Mandeln darin rösten. Die Sahne damit bestreuen.

Gemischter Fruchtsalat mit Nüssen

Sie benötigen für 4 Personen:

100 g Erdbeeren
100 g Brombeeren
1 Mango
2 Kiwis
1 kleine Cantalupe-Melone
50 g gehackte Pistazien
50 g gehackte Walnüsse
50 g gehackte Pinienkerne
6 cl Maraschinolikör
1 Tasse Crème fraîche
1 Tasse Joghurt
1 Päckchen Vanillezucker
2 EL Honig

So wird's gemacht:

1. Die Erdbeeren und die Brombeeren waschen, gut abtropfen lassen und in eine Schüssel geben.
2. Die Mango schälen, das Fruchtfleisch vom Kern lösen, in kleine Würfel schneiden und zu den Beeren geben.
3. Die Kiwis schälen und in kleine Würfel schneiden.
4. Die Melone halbieren, entkernen, das Fruchtfleisch herauslösen und ebenfalls in kleine Würfel schneiden. Mit den Kiwis und den Nüssen zu den übrigen Früchten geben und vorsichtig miteinander vermischen.

5. Mit dem Maraschinolikör aromatisieren und ½ Stunde ziehen lassen.
6. Anschließend die Crème fraîche mit dem Joghurt, dem Vanillezucker und dem Honig glattrühren.
7. Den Fruchsalat in Gläsern anrichten, mit der Creme überziehen und servieren.

Der Tip

Im Winter können Sie auch aus Orangen, Äpfeln, Grapefruits, Ananas und Bananen einen herrlichen Fruchtsalat mischen.

Grießschnitten mit Himbeermark

Sie benötigen für 4 Personen:

1 l Milch
1 Prise Salz
1 Päckchen Vanillezucker
1 TL geriebene Zitronenschale
3–4 EL Honig
250 g Grieß
2–3 Eier
Öl zum Ausbacken

Für das Himbeermark:

250 g frische Himbeeren
½ Tasse Crème fraîche
2–3 EL Honig
1 Msp. Zimt
2 cl Weinbrand

So wird's gemacht:

1. Die Milch mit dem Salz in einen Topf geben und zum Kochen bringen.
2. Den Vanillezucker und die Zitronenschale dazugeben und je nach Geschmack mit dem Honig süßen.
3. Den Grieß unter ständigem Rühren in die Milch geben und bei mittlerer Hitze 10–15 Minuten köcheln lassen. Dabei häufig umrühren. Es soll ein dicker Brei entstehen.
4. Vom Feuer nehmen und die Eier kräftig unterrühren.
5. Anschließend auf ein mit Wasser benetztes Arbeitsbrett streichen oder in eine ebenfalls benetzte Kastenform füllen.

6. Den Grieß vollständig erkalten lassen und mit einem Messer Schnitten schneiden.
7. Die Schnitten in heißem Öl fritieren oder in einer Pfanne braten.
8. Für das Himbeermark die Beeren verlesen, waschen und gut abtropfen lassen.
9. Die Himbeeren mit der Crème fraîche im Mixer oder mit dem Pürierstab pürieren.
10. Mit dem Honig süßen und mit dem Zimt würzen.
11. Mit dem Weinbrand aromatisieren und im Kühlschrank erkalten lassen.
12. Die Grießschnitten anrichten, mit dem Himbeermark überziehen und sofort servieren.

Der Tip

Die Grießschnitten schmecken besonders gut, wenn sie noch warm sind. Dann müssen Sie aber das Himbeermark ebenfalls erwärmen. Bestreuen Sie die Grießschnitten einmal mit Zimtzucker, auch dies ist eine Versuchung wert.

Grießflammeri mit Orangensoße

Sie benötigen für 4 Personen:

¼ l Milch
1 Prise Salz
50 g Grieß
20 g Butter
3 Eigelb
2 EL Honig
3 Eiweiß
4 EL Puderzucker

Außerdem:

Öl zum Einfetten
4 EL Zwiebackbrösel

Für die Soße:

4 Orangen
2 EL Honig
2 EL Pistazien
2 EL Rosinen
1 Tasse Weißwein
4 cl Orangenlikör

So wird's gemacht:

1. Die Milch mit dem Salz, dem Grieß und der Butter in einem Topf zum Kochen bringen und den Grieß ausquellen lassen.
2. Das Eigelb mit dem Honig schaumig schlagen und unter den heißen Grieß ziehen, vom Feuer nehmen und erkalten lassen.
3. Das Eiweiß sehr steif schlagen, den Puderzucker darunterschlagen und die Eiweißmasse unter den Grieß heben.
4. Eine Puddingform ausfetten, mit den Zwiebackbröseln bestreuen und die Grießmasse einfüllen.
5. Im Wasserbad ½ Stunde köcheln lassen.
6. In der Zwischenzeit die Orangen filetieren, mit dem Honig, den Pistazien, den Rosinen und dem Weißwein in einen Topf geben und 5 Minuten kochen lassen.

7. Vom Feuer nehmen und mit dem Orangenlikör aromatisieren.
8. Den Pudding anrichten, mit Orangensoße überziehen und servieren.

Palatschinken mit Mandelquark

Sie benötigen für 4 Personen:

- 3 Eier
- 1/4 l Milch
- 5 EL Mineralwasser
- 100 g gesiebtes Vollkornmehl
- 3 EL Honig
- 1 Prise Salz
- Öl zum Ausbacken

Für die Füllung:

- 125 g Magerquark
- 1 Tasse Crème fraîche
- 1 TL geriebene Zitronenschale
- 1 Päckchen Vanillezucker
- 100 g Mandelsplitter
- 4 cl Mandellikör

Außerdem:

- Öl zum Ausfetten

So wird's gemacht:

1. Die Eier mit der Milch, dem Mineralwasser, dem Mehl, dem Honig und dem Salz zu einem glatten Teig verarbeiten.
2. Öl in einer Pfanne erhitzen und dünne Palatschinken ausbacken.
3. Herausnehmen und warm stellen.
4. Den Magerquark mit der Crème fraîche, der Zitronenschale und dem Vanillezucker glattrühren.
5. Die Mandelsplitter und den Mandellikör unterziehen und die Palatschinken mit der Quarkmasse bestreichen.
6. Die Palatschinken zusammenrollen, in eine ausgefettete Auflaufform schichten und im Ofen bei 200° 10–15 Minuten backen, herausnehmen und sofort servieren.

Fruchtgrütze mit Zitronenmelisse

Sie benötigen für 4 Personen:

- 100 g Erdbeeren
- 100 g Johannisbeeren
- 100 g Himbeeren
- 100 g Brombeeren
- 1 Tasse Weißwein
- 2 Tassen Orangensaft
- 1 Päckchen Vanillezucker
- 2 EL Honig
- 3 TL Agar-Agar
- 1 Bund Zitronenmelisse
- 1 Tasse Sahne

So wird's gemacht:

1. Die Beeren verlesen, waschen und mit dem Weißwein und dem Orangensaft in einen Topf geben.
2. Auf dem Herd einmal aufkochen, mit dem Vanillezucker und dem Honig süßen.
3. Den Agar-Agar nach Packungsanweisung auflösen, unter die Beeren mischen und die Grütze in Gläser füllen.
4. Die feingehackte Zitronenmelisse darüberstreuen und im Kühlschrank erkalten lassen.
5. Die Sahne über das erkaltete Gelee geben und servieren.

Classic

HARLEY-DAVIDSON

ley-Davidson...

A FINE PILSNER
BEER

DAYTONA BEACH
WELCOMES BIKERS
Harley Davidson

Classic

HARLEY-DAVIDSON

A CELEBRATION OF AN AMERICAN ICON

Mark Williams

Photographs by Garry Stuart

Select Editions ▪ Vancouver

A Salamander Book

This edition published for Canada in 1999 by
Select Editions
8036 Enterprise Street
Burnaby, BC V5A 1V7
Tel: (604) 415-2444
Fax: (604) 415-3444

ISBN: 1-896639-73-9

Credits
Editor: Richard Collins
Designer: John Heritage
Photographer: Garry Stuart
Filmset by Flair plan Photo-typesetting Ltd
Colour reproduction P & W Graphics, Singapore
Printed in Italy

Additional captions

1 FXS Low Rider, with speedo and tacho set into old-time Fat Bob tank.
2 Custom bike built by Rick Doss.
4 Softail custom FXSTC.
6 From dawn to dusk, the throbbing of V-twins fills the air.
8 Main Street, Daytona Beach.
10 Springer Softail, with gold plate, snakeskin, about $40,000 invested in it.

CONTENTS

INTRODUCTION

FOR HUNDREDS OF THOUSANDS of motor-cyclists the Harley–Davidson marque represents an expression of human spirit enjoyed by no other brand of vehicle, whether two- or four-wheeled, a name that's synonymous with a distinctive attitude and a proud lifestyle. Unlike the 'Big Four' Japanese companies that dominate the world market, the Harley–Davidson Motor Co. have been building motorcycles since 1903, but this depth of history is as important in human as it is in numerical terms, for the stamp of the Harley and Davidson families who founded the company has remained firmly embodied in its machines throughout this entire period.

This book is, in the diversity of its content, a testimony to the two families whose perceptive grip on the needs and tastes of American motorcyclists has been as constant as their desire to build and maintain a business that caters wholeheartedly to them. That Harley–Davidson motorcycles are now prized and demanded by increasing numbers of riders worldwide further emphasises the quality of their judgment . . . as well as that of their products.

But back in 1903 world markets were probably the last thing on the minds of Arthur and Walter Davidson and Bill Harley. Bill and Walter were working for Milwaukee's Barth Manufacturing Co. where a German immigrant colleague helped them perfect a crude, 3-horsepower, single cylinder engine based on the French DeDion design. The frame that they bolted this engine into was a unique, loop-frame unit considerably stronger than most of the diamond pattern designs that other fledgling manufacturers of 'powered bicycles' tended to utilise. Painted in gleaming black enamel with pin-striping and a logo design applied by the steady hand of Aunt Janet Davidson, this was one handsome and much admired machine. But despite temptations to follow their own star, the three men were sufficiently pragmatic to stay on the Barth payroll for a further three years, devoting only their spare time to the development of the Harley–Davidson Motor Co. and its motorcycles.

So by 1906 a mere fifty bikes had been produced and sold, at which point the founding trio were joined by the elder Davidson sibling, William A., and moved into a wooden shed built by the Davidsons' father in the family's backyard – a site now owned by the Miller Brewing Company. From this modest workshop the four men and their sole employee tripled their previous production total in just one year, and in 1908 some 450 bikes left the tiny 'factory', all of them developed from Bill Harley's original single cylinder, belt-driven design.

It wasn't until 1909 that the V-twin engine which is today synonymous with the company name appeared in its rudimentary 61cu. in. (1000cc) guise, the ever practical Bill Harley effecting this transformation by simply grafting an extra cylinder onto the existing single which, conveniently enough, was slanted forward to follow the line of the chassis downtube, resulting in the 45° angle that became its trademark. The bottom-end was beefed up to cope with the extra grunt of this first 'hog' and other modifications and additions followed thick and fast, including the first fully productionised motorcycle clutch (1912), the 'step-starter' and internal expanding rear brake (1914) and a 3-speed transmission (1915).

In the first two decades of the century mass production of the internal combustion engine and the industrial revolution of which it was a fundamental part opened up a huge new market for personal mobility. Then, as now, the motorcycle was in many ways the poor relation of the automobile, appealing more to blue rather than the white collar workers and in this transport-hungry marketplace there was a proliferation of ill-financed manufacturers producing badly designed and shoddily made machines. But by 1914 the Harley–Davidson Motor Co. had expanded rapidly to occupy nearly 300,000 sq. ft. and employ over one thousand five hundred people, such was the demand for its carefully conceived, high quality products.

Equally crucial to this success was Harley–Davidson's use of reliability as a vital marketing gambit and they entered their bikes in numerous endurance trials and lengthy road races, often ridden by the founders themselves. Their dominance in these events clearly bore fruit in sales which, by 1920, had reached over 28,000 a year but the Depression which followed in '21 saw that figure drop by almost two-thirds. Known as fair, even philanthropic employers, this meant difficult decisions for the founders, as it involved substantial lay-offs at the Juneau Avenue plant. But if times were tough for Harley, other manufacturers were completely wiped out by the 1920–21 recession, and this handed the Milwaukee company the lion's share of the low sales volumes that were achievable.

Mindful of the precarious effect the national economy could have on their company, Harley–Davidson cultivated sales to the military and police departments, developed their own line of sidecars (including those built solely for freight and deliveries) and a very popular 74cu. in. (1200cc) aero engine based on their fore-and-aft motorcycle engine. The 'twenties were also notable for the racing successes of the 21 cu. in (344cc) OHV 'peashooter' single in speedway and hill-climb events all over the world.

Late in that decade, the second generation of the two founding families was entering the company, continuing a tradition which even today is not lost on customers who eschew the faceless corporate identities of the Japanese multi-nationals. By the time of the 1929 Wall Street Crash there were six Davidsons and three Harleys working for the company, most of whom started out on the factory floor. They needed all their resolve and dedication to weather the Great Depression which followed, for while sales dropped only slightly in 1930 – from almost 21,000 units to some 17,600 – the 1931 model year saw this figure plummet to a paltry 10,000 units.

Fortunately the biggest casualties were the single cylinder machines, the newer V-twins proving especially attractive to bikers who could still afford motorcycles and, most particularly, America's police departments. Harley–Davidson also continued to sponsor their racing activities during the 'thirties, their biggest star being a quiet Canadian, Joe Petrali who, as well as being a versatile master of board-, dirt-track and hill-climb, provided valuable design input on Harley–Davidson's seminal OHV 'Knucklehead' engine (so called because of the shape of the valve housings), launched in 1936 and remaining in production for eleven years.

The Knucklehead, available in 61, 74 and 80cu. in. versions, featured a high-pressure lube system, 4-speed gearbox, roller-bearing cranks and greatly improved chassis and suspension, and the models they powered are still deemed by many to be the best looking ever. However, the star of the decade, certainly in financial terms, was the Servi-Car, a three-wheeler developed for the military at the behest of William S. Harley and Walter Davidson. This odd looking vehicle used the lowly 45cu. in. (737cc) side-valve motor mated to an enclosed, automobile-type differential via a 3-speed gearbox and chain drive. Versions of the Servi-Car were still being built well into the early 'sixties and during the WWII period alone nearly 89,000 units rolled off the production line.

Harley's fortunes fluctuated during the 'forties, aided by the slow demise of their only remaining domestic competitor, Indian, whose disastrous flirtation with lightweight 'British-style' motorcycles galvanised their commitment to the development of bigger and better V-twins. Harley's response to their threatening British invasion was initially confined mainly to their influence over American motorcycling racing's sanctioning body, the AMA, covertly governing such matters as capacity and compression ratios which favored Harley's old, side-valve 45cu. in. WR/WRTT machines against the technically advanced 500cc OHV British twins.

With the war over, a generation of homecoming servicemen found themselves unable to readjust to civilian life; many of them drifted around in the motorcycle gangs later glamorised by such films as The Wild Angels and The Wild One. These greasy jeaned, leather jacketed tearaways soon earned the 'outlaw' tag and their allegiance to what had become the quintessential American marque was a mixed blessing to Harley–Davidson, especially the more extreme gangs of Hell's Angels whose involvement in organised crime was later chronicled in Hunter S. Thompson's book of the same name. It's ironic that image of the outsider is the compelling motif that has led legions of well-heeled, middle-class motorcyclists into the arms of their nearest Harley–Davidson dealer.

But if outlaw gangs of variable notoriety harmed Harley's good name, the factory enjoyed continued growth through the late 'forties and 'fifties. 1948 saw the birth of the 'Panhead' motor, named after the flat-top castings protecting the new, hydraulically actuated tappets, an engine which for the first time featured mainly aluminum components and was inserted in the first Harley to use hydraulic front forks, unsurprisingly christened the Hydra Glide. Improvements to the Panhead's porting and exhaust design in 1950 were not so much to foster a performance image as to enable the motor adequately to propel the increasingly heavy touring-style bikes the company saw as its future, and it opened a new plant at Capital Drive, Wauwatosa, Wisconsin, in order to build them.

The Duo-Glide (with rear swingarm) and the Electra Glide proved the wisdom of their vision while the lackluster Model K 45 and 55cu. in. (900cc) were apparently intended as a sop to riders tempted by something in the European mould. But in 1957 that big and/or soft approach was brusquely sidelined when Harley launched the XL series, known colloquially then, and officially now, as the Sportster.

Initially produced in a 40bhp, 53.9cu. in. (883cc) form, the XL motor soon gathered power thanks to improved piston design, porting and valvegear and by 1962 the 55cu. in. engined Sportster was capable of running 13-second quarter mile drags with terminal speeds in the 115mph region. The Sportster kept on growing and wrought a number of variants including a mean looking 61cu. in. 'cafe-racer', the XLCR, which was the personal brainchild of Willie G. Davidson, grandson of William A., who remains head of styling at the time of writing. Today, 883 and 1200cc Sportsters are Harley–Davidson's best-selling machines, even dominating capacity classes where they compete with the all-pervasive Japanese, who still strive unsuccessfully to emulate the feel and style of America's flying eagle.

The Sportster also spawned the alloy engined XR750, undoubtedly the most successful dirt- and flat-track racer ever, which was created by de-stroking the smallest, 883cc XL engine, fitting it with alloy barrels and dual Mikuni carbs. Good for 90bhp, the XR750 dominated American oval racing until the late 'eighties and inspired the XR1000 road-racer (nicknamed 'Lucifer's Hammer') which won Daytona's famous Battle of the Twins with factory dirt-track star Jay Springsteen at the helm in 1983.

Considering the popularity of oval track racing in America, and the mythology that lies behind it (going back to the board racing of the 'twenties), it may seem surprising that the factory never produced a road-going version of the XR750 to capitalise on its phenomenal success in the hands of latter-day heroes like Mert Lawwill, Cal Rayborn and the aforementioned Springsteen. The reason, of course, was cost; as ex-factory racing boss, the legendary Dick O'Brien explained to me, 'these engines were all hand-built, blueprinted and balanced, and without that they'd only make about half the power. Plus the cost of converting XRs to provide lighting and meeting emissions would've been prohibitive.'

Despite the impact of the Sportster, in 1959 the directors realised that they could no longer deal with the threat of lightweight European imports simply by trading on the emotive appeal of large V-twins. But rather than manufacturing bikes that required different production lines and offered smaller profits, the decision was taken to import a range of 125–250cc machines built by Aeronautica Macchi of Varese in Italy. William H. Davidson negotiated the purchase of 50% of the Aermacchi motorcycle division and head designer Wilbur Petri was despatched to Varese to 'American-ise' existing models and develop new ones for the US market. Unhappily the bikes, though well enough designed and built, were somewhat lagging behind the technical and performance standards then being offered by the British and, increasingly, the Japanese. And so despite a number of road-racing and motor-cross victories in the late 'sixties/early 'seventies, the Aermacchi experiment proved financially misplaced.

The 'sixties proved to be an era of turmoil for the company in other ways. In 1965 Harley–Davidson stock was offered to outside investors for the first time, which, by a circuitous and sometimes acrimonious route, led to the merger of the company with the American Machine & Foundry Corp in January 1969. Much needed development capital wasn't the only benefit of this union, for AMF had an empty bowling equipment and munitions plant in York, Pennsylvania, which was quickly adapted for motorcycle assembly, with Capitol Drive producing only engines and transmissions. Also during the 'sixties, the AMA's relaxing of restrictions on foreign marques hastened the defection of many factory riders to the Triumphs, BSAs and Nortons that were then dominating most areas of motorcycle competition where Harley had hitherto held sway.

At the end of the 'sixties, Harley–Davidson were selling only about 15,500 home-produced bikes per annum and the oil crisis of the early 'seventies (affecting haulage costs between the company's three plants perhaps more than it harmed actual sales), and the alleged 'dumping' of vast quantities of Japanese motorcycles added to Harley–Davidson's woes. On the upside was an increasing awareness of the product among a non-motorcycling public through films and TV series like **Electra Glide in Blue** and **Then Came Bronson** and, in 1978, the US Treasury Dept's findings in favor of Harley–Davidson's protestations of dumping against three of the Japanese 'Big Four'. Their elation was offset just three month's later by the International Trade Commission's ruling that their activities had not harmed sales of Harley's very different model range.

Relationships between AMF and the 'old' Harley managers were strained by all this and more, and after protracted negotiations, twelve of the senior managers, led by Vaughn Beals and Willie G. Davidson, bought back their company from AMF for $75 million in 1981. A year later, revitalised by the introduction of the Evolution engine, which offered all the character of the redoubtable V-twins but none of the weaknesses and oil leaks, they sold off the Aermacchi plant to the Italian Castiglioni brothers (who founded their Cagiva/Ducati empire there) and began a bold new era.

The older, increasingly ill-finished models that had somehow seen them through the 'seventies were running out of steam and the 'Evo' engine, developed with the aid of AMF money, was gradually introduced in the different capacities demanded by the range. But chassis and transmissions also had to keep pace and belt-drive, mono-shock 'Soft-tail' rear-ends and even a modern version of the 'Springer' front forks enabled Harley–Davidson to marry modern technology with their customers' insistence on the folksy looks and character of its all-American heritage.

The company's ability to carry off this has been fueled by a combination of tenacious vision and traditional values, on the one hand maintaining the image and nature of the abundantly torquey, slow-revving V-twin but within new technological and legislative parameters, on the other, expanding the marketplace to embrace a new generation of owners with clever marketing, a broad range of factory-customising options, clothing and merchandise, and their dedicated backing of the international Harley–Davidson Owners Group (HOG). Thus, in the 1990s with sales in excess of 100,000 units per annum, Harley–Davidson riders enjoy the camaraderie of a worldwide motorcycling brotherhood, secure in the knowledge that theirs is a unique motorcycle, usually in both senses of the word.

MARK WILLIAMS

20TH-CENTURY COWBOYS

THE URGE TO HIT THE ROAD comes as second nature to most motorcyclists, but to the Harley–Davidson rider that urge acts as a lifeforce. True, Harleys aren't the fastest, sharpest handling machines, but whether ridden in anger or in the sure-footed, laid-back style that best suits them, they're the most satisfying bikes on any road. As the twentieth century began to take shape, for many Americans Harleys replaced the horse as a means of independent transport, literally as well as a metaphorically. Ever a restless, mobile nation, America embraced the internal combustion engine with the same zeal and affection that helped it shape its destiny astride a horse in the previous century. And like the iconoclastic loners who tamed the West, a particular breed of men took to the iron horse – as exemplified by Milwaukee's finest. In those early days, it wasn't just Harley–D's superior reliability that endeared them to the serious, if budget-conscious rider, nor was it the affable, lazy torque of the big, 45° V-twin, for there was something about Harleys that reflected the spirit of the times. The bikes, like their riders, were straightforward, no-frills animals that delivered the goods and, while distinctive in their own right, responded empathetically to their owners' input. Harley–Davidsons were the motorcycles of choice for Americans confident of who they were and where they were headed; that still holds good today. Now, as in past decades, a Harley is known and admired for what it is, where it comes from (and how easy it is to fix!). If you're riding a Harley, you're making a statement about America and who you are, which makes a firm foundation for wherever else you happen to be headed. It's a good feeling, and with it comes a mutual respect that works three ways – between rider, machine and the world at large. Nowadays that equation has infiltrated other cultures, for in a world of frantic and often needless change, a Harley–Davidson says something about its owner that no other motorcycle can. That's why people ride 'em.

Figures in a landscape somehow have more presence when they're chugging steadily along on Harleys, for its takes a special kind of bond between man and machine to make that presence felt against the looming majesty of America's Big Country. Harley riders have that confidence.

Coors
EXTRA GOLD
Draft
FILTERED
Bud Dry

Nowadays the Electra Glide range encompasses a range of styles from the relatively pared down 'Sport' to the full-house 'Ultra Classic Tour Glide', all of them powered by Harley's biggest V-twin, the 80cu. in. (1340cc), rubber-mounted version of the Evolution engine. What they also have in common is a fuel capacity of four US lead free gallons. The fuel requirements of their riders are something few of them will share.

Harley–Davidson's top-of-the-range Electra Glide is the traditional choice for the discriminating, long-distance motorcyclist and in its 'Ultra Classic' guise it offers just about everything required for relaxed two-wheeled touring. Except, that is, for food and drink. But then an essential ingredient in the Big Tour is the pleasure of stopping off at some unhurried, down-home truck stop or diner to re-fuel the body, as well as the bike.

Not everyone's idea of life on the open road involves kitting himself up with on-board hi-fi and cruise control astride a fully-faired dresser. Harley–Davidson offers plenty of choice when it comes to suiting any rider's needs and here a pair of lightly customised FXR-series models propel a serious looking trio beneath a big blue sky. The style is quintessentially free-wheeling, 20th-Century Cowboy; wind-knotted manes and bugs in the teeth are part of the deal, but then so is the exhilaration of being wedded to the scenery as the world roars by.

One of the many aspects of a real hog that's confounded oriental attempts to emulate the soul of a Harley–Davidson lies in its riding style. And one good reason why it's so elusive is because every Harley owner adapts his riding posture to suit himself and the sort of journeys he makes. However, the laid-back, low-down seating, allied to a pair of high'n'wide handlebars, favors the sort of road burning many riders specifically buy their Harleys for. Forward mounted foot-pegs and attendant control levers complete an easy riding position which in turn augured an image that was catapaulted into the public consciousness thanks to Dennis Hopper's seminal 1969 movie, **Easy Rider**.

Today's easy riders may not be looking for the soul of America through a haze of illegal substances, but whether in packs, in pairs or running solo, it's easy enough to experience the pervasive grip of the nation's heritage from the saddle of a Milwaukee V-twin. Of course, only a relatively small number of Harley–Davidson owners are **bona fide** free-wheelers who can take off wherever and whenever they want, but there are days in every Harley owner's life when he can get out there and relax into the mind-set of the roadgoing adventurer.

Something about the bikes and the stories they've had to tell insinuates its way under the skin of anyone who values the freedom that travel can bring, but it goes deeper than that. On the one hand, in the pressured, increasingly regimented world that most of us inhabit, a quick blast down the highway is enough to clear the mind of excess baggage and untap a little adrenalin. On the other, a week or two's vacation provides the opportunity for many desk-bound Harley owners to revitalise the spirit and remind themselves where they're **really** headed. Maybe some, like the Texan biker on the right, haven't seen a desk job in years.

A lot of folk are surprised when you tell them you're taking a journey of several hundred, or even several thousand miles on a motorcycle, but they're usually people who've never ridden a Harley. But after a short baptism on the pillion seat, they may well understand why you're doing it . . . they may even demand to come along! But riding solo is the way to go for most riders with serious miles to kill. Out there on your own, you take the road and the day at your own pace, getting as close to your bike as any human being has a right to do, serenaded and soothed by the steady throb of the V-twin.

Come twilight, most riders are ready for a change of pace and then even the hard-riding loner is usually ready for a few cold beers and a little company. Find yourself a bar where there's a hog parked outside, and you're likely to meet kindred spirits to swop road-talk with; independent though he may be, a Harley rider is never truly alone.

And like their forebears from an earlier era, when the trip's finally over, Harley riders kick back and relax, or celebrate, in whatever way suits them. Maybe the roving horsemen of the Old West couldn't catnap in the saddle with quite the same ease as a twentieth-century cowboys can aboard their iron horses . . .

. . . but that apart, their lifestyles do share certain similarities, such as a tendency toward hirsute (if rather well groomed) ruggedness, and an appreciation of ladies who in turn appreciate their very particular angle on life. Without Harley–Davidson, life would be the poorer for them, and indeed for America.

ANGELS AND OUTLAWS

THE DIFFERENCES BETWEEN A COWBOY and an outlaw were often vague a century ago and in some respects remain so today. Whereas the slogan 'Live to Ride–Ride To Live' might be acceptable to the guy whose main inspiration stems from his motorcycle, to those on the wilder fringes of that same world it has a more menacing ring.

Hell's Angels, Satan's Slaves, Road Rats . . . whatever their tag, motorcycle outlaws elect to reject laws that most other bikers grudgingly accept. And sometimes they actively perpetrate crimes that not even the most amoral biker can condone, stuff like drug-running and contract violence. Condemn this though we must, those who ride American steel and have tasted the freedom that it proffers often harbor a sneaking admiration for those who've taken that irrevocable step over the civilised threshold.

The outlaws first came to prominence after WWII when many returning servicemen found themselves unable to adjust to a civilian life that condemned overt machismo and required respect for human niceties that had been bombed out of them. Without jobs or direction and with motorcycles as the only constant in their lives, these disaffected individuals gravitated toward each other and into a lifestyle with its own codes of honor. But honor doesn't pay the bills, so these fledgling brigands took to crime to support the partying that quickly became foremost among their avowed goals. Territorial considerations soon spawned internecine confrontations which, in a freely gun-toting society, meant that blood soon started spilling.

At a time when America was too busy growing up and getting rich to notice the scabrous activities of a small, obstinate minority, the outlaw gangs grew in number and so did their criminal activities. But if those who suffered and those who dwelt in ignorance allowed the outlaws to enjoy a kind of illicit normalcy, other, more influential forces found them rather fascinating: movie makers, and journalists of varying legitimacy viewed bike gangs with prurient interest, and so did the rest of us.

The seductive appeal of the outlaws initially lies with their look. The 'patches' emblazoned on leather and denim, chains and studs adorning boots and belts, the tattoos decorating their flesh – all images that have been gradually co-opted by motorcycling's mainstream.

MC
CALIFORNIA
12J5447
NO SWEATHOGS

Nowadays virtually every motorcycle club in the world has its own logo stitched into a patch or set into an enamel badge, and the heavy, hard-wearing leather and footwear initially associated with the motorcycle gangs enjoys the dual merits of offering both macho fashion credibility and sensible protection which few bikers can ignore. But outlaws don't really care about what the rest of us make of **their** uniforms; they wear them to identify themselves and stand apart from other gangs and, of course, the straight world they've rejected.

ELLS ANGELS
MC
FRANCE

HELLS ANGELS
MC
CALIFORNIA

But although these images are touched with an insolence and **frisson** of the forbidden, it wasn't so much the visual as the anti-social that attracted the media to the outlaws. The idea of real-life outsiders, the 'one-percenters' as they called themselves, was utterly compelling to those looking to pounce on any social deviation and blow it up into controversy. On holiday weekends in the early 'fifties, bike gangs began descending on hick Southern Californian towns to party and brawl, the upshot of which was local outrage and, in 1953, the seminal Laslo Benedek/ Stanley Kramer film, **The Wild One**.

Marlon Brando's laconic nihilism in **The Wild One** and the random violence that erupted around him set the tone for a whole genre of bike gang movies, most of which were made a decade later. More immediate were the PR effects of the film; suddenly it was cool to be an Angel or a Slave and membership grew rapidly, as did a proliferation of new chapters and yet more luridly named gangs. But joining the outsiders involved induction ceremonies that were – and often still are – decidedly stomach-turning. Apocryphal though they may perhaps be, tales of biting off chickens' heads, drinking menstrual blood and riding head on toward a gang member to measure resistance to chickening-out were rites of passage that have long been the stuff of outlaw legend, which at least ensured that only serious bad asses applied for membership.

MAD DOGS
MC
S. CENTRAL ILL.

During the 'sixties the outlaw sub-culture gained momentum and notoriety via such films as Roger Corman's **The Wild Angels** and Lee Madden's **Hell's Angels '69**, the latter actually featuring Terry the Tramp, Sonny Barger and other **bona fide** members of the infamous Oakland Hell's Angels. The same gang provided source material for Hunter S. Thompson's definitive volume, **Hell's Angels: A Strange and Terrible Saga of the Outlaw Motor Cycle Gangs**, whose graphic accounts of brutality and illegality were far removed from the knockabout antics portrayed by Hollywood.

Thompson's book got him into some trouble with his subjects, but this was as nothing compared to **Rolling Stone** magazine's lengthy exposé of the Angels' drug manufacturing and trafficking activities which led to big jail sentences for some of their leaders. But if outlaw involvement in organised crime peaked around the turn of the decade, their influences continued to spread far and wide.

Not only were second generation gangs maintaining their territories and influences but black and hispanic bike gangs were starting to get in on the act. Arguably, these ethnic based motorcycle outlaws were formed more for reasons of camaraderie or solidarity against the machinations of the white gangs than they were for reasons of profitable villainy.

The outlaw influence inevitably found its way overseas, gathering converts as the Japanese exports all but crippled the UK motorcycle industry and European bikers turned to Harleys as a symbol of their own ethnicity. So just as riding a Harley–Davidson in Europe bespoke a certain attitude, joining a bike gang bestowed the additional benefit of strength in numbers.

Which is not to say that the outlaw gangs of France, Germany, Holland and Britain were entirely ill-disposed to a bit of muscle-flexing, but their involvement in crime was usually limited to a bit of small scale drug-dealing and bike-theft. However, as an outlaw friend once told me, 'We never steal bikes from other Angels, and we don't ever steal Harleys . . . 'cause that ain't right.' And woe betide any common bike thief who makes the mistake of stealing an Angel's Harley, for that's just about the ultimate outlaw sin.

Nowadays there's often a public relations officer within the tightly controlled outlaw hierarchies, for the gangs are more anxious to present a positive image to the world, if only to distract unwelcome attention from the authorities. Outlaw gangs also help raise money for all manner of charities and, particularly in Europe, organise motorcycle events that are open to all. Even politics are not beyond the influence of gangs such as the Vietnam Vets motorcycle clubs who put pressure on, as well as rebel against, an establishment that easily forgets the sacrifices made by those who fought a later war.

SUPPORT YOUR LOCAL
VIETNAM VETS M/C

The slogans offered by the Vietnam Vets are not so much 'Off The Pigs', but rather 'Release Our POWs', and the Harley–Davidsons they ride are decorated not so much with winged eagles and scenes of sword and sorcery, but death heads wearing tin helmets and battle fatigues. It's also true to say that, in many respects, rivalries between the different chapters and factions within the outlaw netherworld have largely disappeared, the 'strength in numbers' philosophy having permeated the American scene in much the same way it did in Europe.

Most of the original outlaw gangs that still flourish in the 'nineties support the Vietnam Vets because they understand from their own ancestry where these guys are coming from. Indeed, there's a certain pride in the support, tacit and otherwise, that they offer the Vets and this mutual admiration is very much in the original spirit of 'outsiders looking after their own'. Which is exactly as it should be.

VIETNAM '68

When bike gangs get together these days it's rarely to exercise bloody vendettas or drift into some other, less formal fist fights; more likely to party, or even demonstrate behind a cause, such as the much reviled anti-helmet legislation, or the MIAs – American servicemen still believed to be held in Vietnam, though officially designated as 'Missing In Action'. So when they do come together you'll witness not just the stirring sight of flowing hair and throbbing metal.

. . . but also notice some quirky, personal protests such as the MIA supporter (left) who carries his bamboo cage around from rally to rally, and then incarcerates himself in it to symbolise the plight of his Vietnam Vet brethren. You might feel that the new breed of politicised outlaw gangs are a little naïve in the causes they espouse, but maybe that's not an argument you would want to pick with them!

U.S.A.
72-75
CDC

One aspect of the outlaw philosophy that remains unquestionable (and unquestioned) is their staunch nationalism. They may flaunt many of the country's social conventions, and the laws of the land may often incur their abject disdain and denial, particularly those that come under the heading of 'Traffic Legislation', but America is their country and they're damn well proud of it. Sure, an outlaw's vision of God's Own Country is probably a little different from that of the average Joe, but when all is said and done, they share allegiance to the same flag.

T AMERICAN

Much of this has to do with the bike gangs' partisan attitude toward the Harley–Davidson and their consequent hatred of oriental ironware, generating bellicose T-shirt slogans which are invariably underpinned with a strip or flash of the Red, White and Blue. What would happen if, as was once on the cards, the Milwaukee company had sold out to the Japanese, one shudders to think!

And so the Stars and Stripes feature heavily in the iconography of the outlaw gangs: going right back to Peter Fonda (aka 'Captain America') and his Panhead chopper in **Easy Rider**, gas tanks decorated with the flag motif have long been popular with customisers. Less convoluted patriotic images in the shape of Stars and Stripes patches, bandanas and T-shirts can been seen in any outlaw's wardrobe.

Just try and
Burn this
One!

Anti-Japanese sentiment finds expression in the T-shirt worn by the guy on the Glide, the slogan on which refers to the practise of torching worn-out oriental roadsters at many a biker rally, and not just those organised by outlaw gangs. Along with these 'Bike Roasts', many of these events also feature 'Jap Smashing' contests where willing if perhaps inebriated participants try and break up a hapless Honda or Kawasaki with a fencing hammer in the shortest possible time.

A rather less violent expression of this fierce loyalty to the home-grown marque can be seen at a Florida bar much patronised during Daytona's Bike Week, namely the 'Japanese Hanging Garden'. This well-loved landmark features numerous long-expired Japanese motorcycles forlornly suspended from a tree, their progressive states of decay being recorded with all due ridicule by the regulars who visit it annually, all of them Harley-mounted, naturally!

How seriously one should take the American outlaws' xenophobia and their espousal of certain causes is a matter for debate, although probably not very serious debate, but one thing is for sure and that's the wry sense of humor that accompanies it. Whether it's a biker wearing a pastiche of the traditional outlaw 'colors' which features both a tin-helmeted skull and a wreath of marijuana leaves **under** the Panama red banner – while making sure that there's a Harley–Davidson logo at the bottom to keep it all vaguely in context

. . . or the seriously bearded, barrel-chested and presumably Texan biker whose skull head design adorning his Harley's gas tank is in mild contrast to the tattoos decorating vast tracts of his own body, including a Confederate flag flowing down one side of his back and a well-needled forehead!

Rebellious rhetoric laced with a rough-knuckled and often lewd humor also find their way into the buttons and badges and baseball hats of the disaffected men and women who live in, or in the shadow of the motorcycle outlaw's world: always were, always will be. And I guess that consistency is just one small sign that the phenomenon of the outlaw gangs is as enduring and durable as, well, as the Harley–Davidson motorcycle.

KINGS OF CUSTOM

THE CURRENT SUCCESS of the Harley–Davidson Motor Co. is due in no small part to the fact that it offers its customers an infinite number of variations on a basic theme. These days very few bikes leave the showrooms in stock specification, for the factory offers an almost bewildering array of color schemes and authorised bolt-on extras via the dealer network, which means extra bucks for Harley–Davidson and a degree of exclusivity for the owner, only a relatively recent development in the company's history. Up until the mid-'eighties, adapting your hog to your own tastes was a job you either undertook yourself, or consigned to any one of the thousands of specialists that maintained the individuality of the Harley–Davidson around the world. This meant that not only were Harley owners inclined to personalise a machine that otherwise resembled a zillion others, but that the ongoing consistancy of design and engineering made it economical for aftermarket manufacturers to offer performance and cosmetic add-ons.

This potential for customising one's machine reached its zenith in the late 'sixties and 'seventies when the vogue for 'choppers' exploded across the world from its fertile, if sometimes bizarre roots in Southern California. A chopper is – literally – a chopped down motorcycle stripped of all items considered inessential to its performance; yet most of the bikes subjected to such treatment were quickly appended with all manner of gee-gaws that rendered them heavier and less wieldy than they were before. Not that their owners cared, for those who altered their Harleys, did so primarily to make a statement about themselves. This much is obvious whenever Harley–Davidsons are to be found **en masse** today, for what looks an immaculate XR750 racer but is in fact a craftily disguised Sportster may be nudging alongside a rather less pristine Knucklehead chopper with five foot long springer forks, all evidence of the individuality that is Harley–Davidson.

High'n'wide handlebars, extended springer forks and chrome-on-everything epitomise the chopper image. Early examples of the genre, such as these two Knuckleheads, often lacked front brakes which, together with radically altered steering geometry, made for cautious riding.

LEATHER
AVON

The fact that American roads are longer and straighter and their corners less acute than those of most other nation's means that the slow steering, under braked, rigid framed choppers can in fact make their way without too much drama provided, of course, that their pilots know the deal. This may be why some of the more extreme, and certainly the better constructed, custom Harleys belong in more mature hands. Many of these older bikers actually go touring on their machines, packing what little they need for a gentle chug through a warm Southern climate into a pair of leather saddlebags.

One of the favored routes taken by early customisers was to exaggerate by extension, sometimes resulting in choppers that were fifteen feet long from the far edge of their skinny front tyres back to the sky-grasping tip of their chromed 'sissy bars'. Exhaust pipes also underwent the same treatment, sometimes capped with pseudo fish-tails which, while they added little extra power, did cut a certain dash. Unrestricted air-filters remain a common modification which, unlike some of the custom exhaust systems, provide an increase in performance, as well as noise.

What may superficially be the easiest way of personalising your hog can just as easily turn out to be the most taxing, for the notion of simply changing a Harley's livery is to venture down a road that literally has no end. Custom paintwork is truly an art form and one that lends itself to the realisation of all manner of fantasy, although certain themes are well established within the air-brush artist's canon, one of which is the streaking flame.

On these pages you see three different variations of the stylised flame motif, superficially similar but actually very distinct both in their relative complexity and the subtlety of coloring. Each doubtless inspired by the bikes' owners, and spanning three decades of the Harley model range, these renderings involved many hours of preparation, masking the patterns, delicate layering of each color, finished off by several coats of clear lacquer to provide that vital depth of finish.

Even more unique custom-painted images demand even more painstaking execution, and a fine example of this can be seen on the left. Here a meticulously engineered, Evo-powered Harley is topped off with a beautiful, emerald metalflake gas tank bearing a meticulous facsimile of a gold Amex card, which features details of the actual machine. Whoever was responsible for it might well have a lucrative career ahead of them in forgery!

Although changing the visual identity of your beloved Harley is rarely undertaken lightly, roving custom-painters attend many of the larger motorcycle rallies to realise the whims of those that are ready to take the plunge. Demand for images of well-endowed, scantily clad adventuresses keeps many such artists in work all year round, though quality varies according to price. The lady in blue (top, right) is in the higher quality bracket, while the livery on the old, side-valve sidecar outfit (bottom, right) goes for humor rather than erotic fantasy.

Yellow Cab

Harley-Davidson
Harley-Davidson

Different eras provide inspiration for wildly different – and downright wild – examples of custom craft. The Panhead (top, left) features a 'fifties look with its rigid frame and authentic gas tank, but utilises a rear disc-brake and modern exhaust. In 1988, Harley's re-invention of the Springer front-end, coupled with its Softail chassis (in which a 'rigid' rear end is actually a clever mono-shock suspension), opened up a whole new Pandora's box of custom ideas – some of them less than subtly executed (below, left).

The company's lucrative re-cycling of its heritage isn't limited to the technical trickery embodied in the Springer and Softail, and includes anniversary specials such as the Sturgis 50th (above, right), which in turn prompted Messrs Custom Chrome to personalise what was already a limited edition which, ironically, substitutes paint for much of the brightwork! The Shovelhead (above, left) is less coy about showing a shine, although in other respects remains remarkably stock.

On the left is a cunning amalgam of Panhead top-end on Sportster engine cases. The modern, telescopic front end is off-set by a period-badged gas tank which features a neatly moulded-in tachometer and filler cap. The foot-boards, deeply valenced front fender and spoked wheels continue the retro theme, while the disc brake and trafficator lamps suggest more contemporary and pressing considerations . . . like safety.

Another, if not so subtle retro custom (above, right) incorporates highly stylised 'fifties design imagery with hi-tech paintwork and neon coloring. More discreet is the Panhead-look-alike, disc-braked cruiser (below, right) which employs a modern, Springer front-end mated to a rigid chassis replete with foot-boards. The fish-tail mufflers and front disc are actually contemporary factory options; the abundant but not excessively flashy chromework is not and is nicely complimented by the multi-toned grey paintwork. Check also the matching studded seat panels and leather tank strap.

HARLEY-DAVIDSON

Even by normal custom standards this Evo-engined special (above) reflects a fastidious attention to detail. Note how the base cherry-red paint used on the tank and fender is also employed – presumably in a heat-resistant finish – between the engine finning. Other neat touches include a row of warning lights set into the tank fascia, and extensive (and expensive) chroming of alloy engine cases, matched by highly polished, steel-braided oil lines.

Aftermarket carburettors are a tried and tested route to increase horsepower and torque, but adapting them to fit a Harley engine takes a little ingenuity. The twin-barrel example fitted to the elderly but beautifully prepared Shovelhead (above) sits neatly between the cylinders and is complimented by a oil pressure gauge tapped into the rear cylinder head. The paint job is pretty nifty, too.

The forward facing location of the carburettor fitted to this radically liveried, Evo-engined Springer Softail (above) may be intended to produce a ram-air effect, but the unequal length inlet tracts must make tuning a rather delicate affair.

This detail from yet another Springer Softail (right) reflects a somewhat less outrageous approach to the customers' craft, but nonetheless goes a little overboard in the chromework and engraving departments.

IMAGES OF DAYTONA

SINCE 1941 THE FIRST WEEK IN MARCH has marked the beginning of the motorcycling year for many Americans, because that's when the mounted hordes descend on the small Florida resort of Daytona Beach. Daytona is essentially about the annual bike races which originally took place on the vast strip of sand but which have been run at the Daytona Speedway track since the 'sixties. However, only relatively few of the motorcyclists who visit Daytona each year go to watch the racing, even when a Harley–Davidson factory team are making the running, as in 1983 when XR 1000-mounted Jay Springsteen won the Battle of the Twins at a top speed of 167mph.

No, the attraction of Daytona is to escape the cruel winters of the eastern seaboard and meet up with like-minded bikers, particularly like-minded Harley owners. Strictly a celebration of the biker ethos, this gathering of several thousand committed riders soon turns into a week long party where it's never hard to find some action. That's mainly because there's very little to Daytona Beach but the beach itself, and a strip of shops, bars and restaurants that run parallel to the rear of hotels. 'The strip' is where most of the action takes place and in the 'seventies and early 'eighties all manner and varying degrees of wild behavior were to be found in the beers halls down Main Street.

Nowadays it doesn't get quite so crazy, not least because the local burghers and the police force have gotten tougher on drug abuse, drunken driving – or rather riding – especially when the two are combined. The American Motorcycle Association, who nominally sponsor Raceweek, are also mindful of the damaging effects that unwholesome images of bikers can have on the public at large and politicians in particular, which is why more and more fringe events during Raceweek are geared toward promoting motorcyclists as caring, socially aware citizens, just like you and me.

For all the ever increasing 'officially sanctioned' activity during Raceweek, the enduring images of Daytona are those of impromptu events taking place routinely each day. A gaggle of Milwaukee hogs on the strip at dusk perfectly illustrates Daytona's 'tingle-factor'.

As befits its civic title, that long, wide strip of golden sand was originally Daytona Beach's major attraction, and during Bike Week it resumes much of its focal importance as bikers and their female companions cruise the beach to show off their iron and vast expanses of nubile tan.

There's a fifteen mile an hour speed limit on the beach – a far cry from the days when the factory Harleys sped up and down on their side-valve flat-trackers at over 100mph. Most of today's visitors don't mind the slow progress . . . it gives 'em more time to take in the scenery.

Although Daytona has accommodation to suit every pocket, from the modest motel to the sort of grandiose edifice shown right, many make the annual pilgrimage to Bike Week in their RVs with their bikes in tow. This gives them two kinds of freedom: where and when to ride, and where and when to sleep. RVs and pickup trucks also provide make-shift workshop facilities for any remedial attention that might be required – sand not being known for its beneficial effects on motorcycle components.

SCHOONER
Phone
Phone
SilverBullet
HOT DOGS
TO GO
HOT CHILI and SODA
TO GO
CHILI DOG $ 1.50
BUSCH
Lite

Main Street's bars do dynamite business during Bike Week, yet in recent years Daytona Beach's Police Department have reported a decline in drunk driving convictions. Regular visitors all have their favorite watering holes, some of them with tackily nautical themes which are rendered rather incongruous by the lines of wall-to-wall Harleys parked outside. And if you really **have** to interrupt the serious business of chugging beer or chugging down the strip by taking a bite to eat, bars like the Schooner Inn, caught in a mood redolent of Edward Hopper's painting, 'Nighthawks', also feature a conveniently located fast food hatch.

INSANI-TEES
GIFTS
INSANI-TEES
T-SHIRTS
MAIN STREET CAFE
DAYTONA 92

RK
Lounq
LIQUOR STORE
Exotic

Coors
BOOT HILL
SALOON

Local traders' enthusiasm for Bike Week is understandable; apart from the annual Spring Break, which attracts not-so-affluent students from all over America, the 70,000–95,000 free-spending motorcyclists who arrive each March are arguably their biggest single source of revenue. After a day at the Volusia County Fairground's giant swap-meet just out of town, Chuck Schmidt's extraordinary Great American Motorcycle Rodeo at the same venue, or even the Speedway itself, most bikers return to Main Street with a powerful thirst and a surprisingly strong urge to purchase souvenirs. Those who let themselves get **really** ripped also have plenty of opportunities to take in a little female action at Daytona's many strip joints and girlie bars, but when they emerge over-excited and bleary eyed, they may face a withering sermon from a motorcycling pastor who preaches forth from his sidecar-mounted pulpit.

SPEED
HARLEY DAVIDSON

Perhaps reflecting the diversity of hogs that doubtless inspired its name, the congregation outside the Iron Horse Saloon (left) could hardly be more varied. The bar itself, out on Highway 1, is a Daytona institution, where bikers can enjoy a brew and shoot a little pool at any time of day, and most of the night.

. . . although this doesn't necessarily mean wall-to-wall rolling drunks. The atmosphere is as affable as you might expect in an environment where everybody shares the same passionate interests: the Iron Horse Saloon is in essence an unofficial club for fans of Milwaukee steel, as the parking lot clearly demonstrates.

Daytona Beach motorcycle cops couldn't really ride anything other than Harley–Davidsons, which is maybe why they command more respect than certain other police and sheriff's departments who in recent times have capitulated to less patriotic transport. But in any case, decades of experience in handling the annual influx of two-wheeled visitors has enabled the police to refine their administration of the law to a fairly low-key business.

However, the cops are no slouches when it comes to dealing with any miscreants who flout the law, as in the case of the guy on the right caught riding without a helmet, now mandatory in Florida. Owing to the limited number of police cells, the police truck in a couple of large, black 'mobile jails' during Bike Week, where hapless students arriving early for the Spring Break might end up sharing accommodations with big, hairy-assed bikers!

IMAGES OF STURGIS

LIKE DAYTONA, the annual biker pilgrimage to a tiny, fly-blown township in South Dakota has its origins in motorcycle races. Back in the mid-'thirties the Rapid City Motorcyclists – now known as the Jackpine Gypsies M/cycle Club – received AMA sanction for their 'Black Hills Motor Classic', held at the half-mile oval they themselves refurbished at the Sturgis Fairgrounds. A picnic and a grand parade through town were bolted onto the races which helped to attract substantial numbers of bikers, but the advent of WWII put the event on hold for a while.

When racing resumed at Sturgis after the war, the fringe activities became the main attraction as bike clubs from all over the mid-West made the journey to meet up, make friends, show-off their Harleys (and they **were** predominantly Harleys) and have fun. Inevitably, the increasing concentration of bikerdom on a small rural township led to friction between the local burghers, their overstretched police department and the thousands of riders to whom the word 'Sturgis' was fast becoming a synonym for 'party'. But today upwards of 30,000 bikers arrive at Sturgis each year, comfortable in the knowledge that commercial considerations are now likely to curb the more aggressive instincts of local police.

The recipe for the success of Sturgis remains much the same as it ever was, although racing around the dusty oval track is pretty much a sideshow compared to what happens on Main Street and in the nearby campsites and motels. And because it's August the soul of this particular Bike Week has a discernibly different flavor from the mad March frolics down in Florida.

The sense of a long road traveled is perhaps what binds Sturgis aficionados together, enabling them to share a set of values and a sense of spirit that they only experience maybe once a year. Which is why to visit Sturgis is to enjoy a unique motorcycling experience, so unique that you come back for more each August.

The abiding Image of Sturgis, if you will, is the sight of Main Street, an endless vista of wheel-to-wheel V-twins lovingly attended by their proud owners, all of it drenched in bright, mid-summer sunshine and awash with a palpable sense of bonhomie.

Bob's

Though the Black Hills Motor Classic gave birth to the benign monster that is now Sturgis Bike Week, its relevance is only minor for most folk who ride in every August. Nevertheless the bison, eagle's head and bikers shown in the organising club's logo remind anyone who may notice it of the area's history, both in this and the last century. Custer's Last Stand, as well as those of the American buffalo and eagle, are all South Dakota legends whose strength is still potent.

... But then after over a half a decade of making motorcyclists mighty happy, Bike Week is itself something of a legend. It's also a chance for Sturgis' businessmen to switch into overdrive and make the most of the tired, hungry and thirsty hordes. Check out, for example, the enterprising glass and mirror shop (right), which instantly becomes a filling station for the inner man, offering $3.50 breakfasts and such 'local' delicacies as 'Polish Hot Dogs' and 'Pizza'.

OF STURGIS Welcomes You to STURGIS
WELCOME STURGIS
STURGIS DRUG

Unlike Daytona with its year-round neon tourism, Sturgis is a somewhat sleepy little backwater which cherishes its down-home values and atmosphere. Which is why when the Rally and Race crowd hit town, the contrasts between normal life and Bike Week are jarring, especially at night when street lighting is largely provided by Milwaukee, rather than the local utilities, as packs of gleaming hogs rumble down Main Street. Naturally enough, Sturgis' official Harley dealer is also very much alight after dark, and does more business in a week than it does most all of the year.

Could this granite-jawed, leather-clad fella on his black Harley Springer (left) be latterday Prince of Darkness? Probably not, but with leather tassels streaming from his handlebars and tastefully studded pannier bags, he cuts a pretty dashing image throbbing through the Sturgis darkness. But, oh dear, aren't those white socks and loafers he's wearing.

Still, at least he's **moving**, a physical state only achieved in fits and starts when traffic on Main Street reaches its peak every evening (above). Not that many visitors complain; they're in Sturgis to hang out and show-off their iron as much as for anything else, and the slow procession down the strip provides an ideal opportunity to do both.

No, it's not a real hog (left), but it's close ... and it typifies Sturgis' easygoing party atmosphere, though I'm not sure if the guy with a skeleton on his pillion (below, left) is making a serious point or otherwise; actually I think it must be otherwise, because they're both exploiting the relaxed local helmet laws.

Ditto the stubble-faced guy on the 'Glide wearing the decidedly bovine headgear (below), who looks like he's trying to make his own comment about South Dakota's buffalo heritage. Easy for him, of course; he can shed his furry coat and pop on his shades when the temperature soars. The roaming herds that once grazed the South Dakota plains weren't so lucky.

Animal life seems to feature strongly in the endless motorised pageant that is Sturgis Bike Week, as this road-hardened gentleman piloting the chopper-ised Panhead sidecar outfit affirms (below, left). And although you may've always believed that a man's best friend was his Harley–Davidson, the dog in the goggles obviously knows better.

There's usually a plentiful supply of an altogether wilder variety of animal on hand at Sturgis, if that's not being too hard on the lady baring much of her rear view (below, right). Still, it's a fair bet she ain't a nun from Pennsylvania visiting her mom and pop, and without such raunchy ladies Sturgis wouldn't be Sturgis ... or even worth coming to for that matter.

Tooling down the highway on a lightly customised, late-model FXR with his feet well forward, wind in the hair, sun beating down on bare forearms, and just enough of a fairing to keep the bugs out of his teeth ... no wonder this guy's got a smile going beneath that bushy moustache (right). South Dakota's usually reliable summer climate, plus the absence of state legislation requiring mandatory wearing of helmets, make the ride to, from and around Sturgis one of the pleasures of anyone's motorcycling year.

Because Sturgis Bike Week takes place in a relatively remote and usually tourist-free region, the majority of riders have to take their accommodation with them. Which is why the roads to Sturgis are filled with Harleys heavily laden with sleeping bags, tents and other stuff essential for a week at one of the campsites available both in the township itself and in the beautiful National Parks nearby. Mount Rushmore's famous presidential sculptures (right) make a dramatic if stoney-faced backdrop en route to Bike Week for a bunch of these motorised back-packers.

Well everyone makes mistakes and, yes, there is the odd smattering of un-American iron to be found at Sturgis. Fortunately Harley–Davidson owners are such a generous-spirited lot that not only do they accept the Japanese presence during Bike Week, they even let 'em ride alongside the real steel (above).

Softail
HARLEY
SOFTAIL

At the end of the day, what Sturgis comes down to for many people is the seductive contrast between some of America's most awesome scenery and America's mightiest motorcycle. Take one big, brawny V-twin – in this case Harley's FXSTC Softail Custom (left) – pitch it in among the soaring mountains and aromatic pines of Dakota's Black Hills, and you've got an evocative picture of why American motorcycling has such a strong hold on those who are lucky enough to indulge in it. As for those who don't, well, they're plainly missing out ... And they've plainly never been to Sturgis during Bike Week.

RAT BIKES

ALTHOUGH WE'VE SEEN THAT Harley–Davidson ownership cuts across a wide range of cultural, social and income barriers, pride in the appearance of one's machinery is one thing that hog owners do tend to have in common. But there are notable exceptions, and those are the folk who run Rat Bikes.

No one really knows the origin of the rat bike, but my guess is that, faced with the prospect of restoring a badly maintained motorcycle to its former glory, a terminally lazy biker makes the mental decision to 'screw it' and goes off in precisely the opposite direction. And the route he takes can be as varied and even imaginative as that taken by the customiser, for a grungey old rat bike is as much a reflection of its owner's tastes as is the gleaming, painstakingly decorated or modified Harley.

Rat bikes usually begin their identity change as ill-maintained hogs just about kept going by non-standard parts and irregular service intervals. Add to that a rich patina of corrosion, paintwork touched up by a brush rather than a spray-gun, and a few ugly, if faintly practical accessories such as busted saddle-bags and cracked, yellowed windscreens, and you've got yourself the basis for a rat bike.

Over a period of time you can decorate your rat bike with ever more personal expressions of affection; tacky old jewelry, metal ashtrays, lamps that look more at home on a kitchen wall than on a motorcycle, and button badges, bumper stickers and decals espousing some heartfelt cause. In this way, you not only find yourself with a Harley–Davidson that's as distinctive as anything either the factory or the customiser could ever dream up, but also a mobile conversation piece. Be warned, however, if you're thinking of traveling down the rat bike road, because hanging a load of what is, literally, rubbish on your bike and hiding the improprieties of your maintenance program beneath a heavy film of filth is also just as likely to attract the attentions of the police department. But then isn't owning a Harley–Davidson all about freedom at any price?

Rat bike decor is as good a measure of an owner's quirks and passage through life as any psychiatrist could muster. And there can't be much wrong with a man who's been to the Berlin Wall and received so many baubles from affectionate lady friends.

Not sure if the guy reclining along the ancient Panhead (left) is trying to hitch a lift away from his mobile eyesore, or expressing a laid-back pride in its dishevelment and inviting your approval. Check out the shotgun, police pursuit lamp and teddy-bear, but don't ask what it all **means**.

It may seem highly unlikely that the rat bike shown below and right (and on the previous spread), actually managed to make it from Kentucky to Daytona Bike Week, but in fact Smitty, its owner, takes it to motorcycling events all over the country. One is tempted to conclude that he takes all his worldly goods along with him, in which case the world Smitty lives in is, well, pretty damn interesting.

STURGIS
1989
Falls City
BEER
COORS LIGHT
PANIC
HEAD
SPOT LITE
MS. HARLEY
87-88
Ugly Strikes One Out Of 3
UNITED STATES of AMERICA
"JUNKY JIM"
THE RATS HOLE

Referring in this case to scrap metal rather than illegal substances, the 'Junky Jim' who owns this fine example of rolling detritus is in fact a wealthy dealer in used Harley–Davidson parts. The mere fact that the crusty old 45cu. in. side-valve is actually able to transport its owner and all that rubbish is some kind of testimony to the quality of his wares. But then maybe the lariat hanging over the gas tank is a prudent precaution in case he needs a tow.

Shovelheads – possibly because they're less loved but more commonplace than other Harleys – frequently provide the basis for (or become the butt of) the rat bike builders' ministrations. Here's a fine example of the breed, shown before and after Daytona Bike Week (above left and right), which demonstrates how quickly a little scavenging and ingenuity can be put to good effect!

FOXY LADIES

'OLD LADIES', 'CHICKS', 'BIKE BABES' . . . whatever and however dismissively they're referred to, the women who hang out with serious motorcyclists have a character that's inevitably as special as the Harley's they straddle. Invariably blonde but rarely dumb, the girls who take up the biker lifestyle need to be tough as well as tender, because not only do they sometimes have to play second fiddle to a greater love in the life of their menfolk, namely a big, hot Harley, but they're also the object of a loyalty that rivals a man's love for his hog, a loyalty that needs to be rewarded. Not that these foxy ladies have to be entirely subservient to attract and keep their biker boy lovers, but knowing when to get on with their own female business and when to get involved with that of their man's . . . well, that's a highly prized art.

And so is the look that identifies, but certainly not unifies these women. Foxy fashions change at a rather more leisurely pace than the constant shifts and extremes of **haute couture**. Black leather and faded denim certainly, but cleaner, tighter, more tastefully studded and tassled than the stuff worn by the male of the species and, in the case of denim, often judiciously frayed or teasingly ripped. In fact, if one word were to sum up the foxy approach to clothing, 'tantalising' would probably be it.

A glance around any biker rally or semi-organised meet is proof-positive of this as the ladies strut around apparently vying with each other for the title of least clad or most provocatively clad little vixen. And when the weather's good and warm, then the wraps really come off and ingenious experiments in minimalist use of Lycra and leather reveal themselves, and a lot more besides. The acreage of firmly tanned female flesh is, however, a little at odds with a uniquely hybrid sado-masochistic image that's the flip-side of the foxy phenomenon and could best be described as Morticia-out-of-Valkyrie Goddess. But if these symbolic evocations are innocently confusing or deliberately and coquettishly misleading, then so be it – that's part of the biker girl's very special allure.

'Stand by your man' takes on a newer, sassier meaning when you're wearing just a few fringes and demonstrating a certain cheeky chutzpah; surely any red-blooded biker would relish the chance to have the lady on the right standing beside him?

BLACK HILLS
GOLD
VIDEO

Strolling down the Strip with a lady like the one above is a sure way to attract a little peer group envy, and a photographer's attention. And if you're secure in the knowledge that you're the one who'll be taking her home, then it should also be a source of no little pride!

Meanwhile, elsewhere on the street another a pair of leather chaps frames another cheeky face and attracts the inevitable gaggle of admirers. The fact that they're not all lascivious males underlines the fact that pillion-packing ladies are as comfortable with each other as they are with their men.

Although motorcycling never was a strictly male preserve, maybe the foxiest of the foxes are the ones who take on the guys at their own game and ride their own bikes. In the case of the lady above it's a late model Springer Softail; so what if it's pink?

And then there's the sporting ladies . . . Always game for a laugh, or simply displaying their particular talents and physical blessings with nary a trace of embarrassment, quite a few foxy ladies are more than willing to put on a show for the boys; or is it for the other girls? Whether it's a matter of finely judged skill, like taking a bite out of a dangling weenie from the back seat of a Harley like the lady on the left . . . .

. . . or displaying rather more raunch, and quite a lot more besides, and battling it out in an arena full of mud (above), these are foxy ladies who like to party according to a different set of rules. Or maybe no rules at all. That's almost certainly another reason why the guys love 'em.

And not all the babes who hang out with the Harley boys are blonde, long-maned temptresses . . . Some of 'em are brown, short-haired temptresses. But, any man would be transfixed by that tattoo whoever was wearing it; the fact that the lady is smart and gorgeous as well is a massive bonus.

Some of the girls love bikes as much as their men, and don't mind exercising a little elbow grease in the cause of presenting their mutual pride and joy to its best effect. Or maybe the lady doing the shining (above) actually owns that Harley herself.

S & M in the sunshine might seem rather contrary, but then the world of bike culture is full of contradictions and the lady in the Lycra, leather and chains seems more than happy with the results . . . and the attention she's getting from the camera.

As Harleys aren't exactly the lightest or easiest of motorcycles to heave around, especially at low speeds, the woman on the FXRS (right) is perhaps not so much a foxy lady, more a serious woman biker. Clearly she knows how to handle a hog, and looks like she could deal with anything else that happens her way as well. Ironically enough, those are attributes many males of the species find pretty damn attractive in a woman, so it looks like she's also got the best of both worlds.

TATTOOES AND BODY PIERCING

IT'S A VANITY THING, it's a tribal thing, it's a sado-masochistic thing, it's an historic rite of passage, it's a liberation of the self ... all these and many more are reasons routinely given for the practises of tattooing and, to a lesser extent, body piercing. And they're probably all correct, for this particular style of self-adornment has long been something its acolytes have found themselves having to explain to those who find such things repugnant, explanations which invariably differ from soul to soul.

What is undeniably true is the disproportionate popularity of these forms of 'body art' among the world's biking population, a popularity which perhaps begs a whole 'nother set of questions. But then again, does it really matter why folks do things that hurt no one other than themselves ... and then only a little, and only temporarily?

Fact is, die-hard motorcyclists are major consumers of the tattooist's art, which is self-evident when the sun comes out and the T-shirts come off. Indeed, according to one long-established professional tattooist, bikers have taken over from seamen as the biggest single market for his craft which, he reckoned, had much to do with the freewheeling lifestyles of both groups. However psychologically diverse or complex the motivation to get a tattoo, bikers tend to fall into two camps when it comes to going under the needle; those who are giving their vanity a little treat, and those who relentlessly pursue self-decoration until most of their available surface area is a dense, colorful tapestry.

In the first category, a biker – or his girl – may celebrate a commitment to a new lover, the birth of a child or even a new Harley with an appropriate tattoo. This may lead to a habit of 'treat-tattooing' until a pair of intertwined bluebirds gradually develops into a frieze and suddenly you're a walking work of art! Those truly addicted to tattoos are inevitably keener to work premeditated themes and images into their adornments, but in either case, a tattoo is forever ... rather like a Harley–Davidson.

The days of self-inflicted body art are long gone, so whether you're only the occasional recipient of a tattoo (like the lady shown here), or a slave to the art (like her ol' man), the intricacy and imagination inherent in the work of the tattooist is something both undeniably share.

Here indeed are wonderful examples of the tattooist's art and the finesse with which color and graphic design can be wrought across the canvas of the human body. The entire tattoo shown here was clearly conceived all-of-a-piece, although it would have been essential for its application to be carried out in stages – the patience of the tattooist and the skin of the subject would otherwise have suffered, especially the latter! Familiar themes such as tigers, bondage, eagles and reptiles are cleverly, even wickedly combined, whereas less obvious influences, such as underground cartoonist S. Clay Wilson and monochrome portraiture, distinguish the tattoo 'cardigan' adorning the guy's torso.

Suntan and freckles somehow add dignity to a tattoo (or two!) as shown upper left, although it's hard to deny that a paler skin can prove an equally entrancing backdrop to this ultimate in body illustration (below). The practitioners of this very twentieth-century art often travel the bike rally and show circuit, setting up shop in motel rooms or booths where potential clients can inspect samples of his craft before deciding to take the plunge. In fact the electronic tattoo 'gun' only grazes the surface of the skin and the sensation is one of irritation, rather than pain.

Outright piercing of the flesh is something else again, and in some senses a heavier, although clearly less permanent commitment. Ears and nipples are the more visible body parts that tend to receive the 'frozen needle' that permits the attachment of a ring (above, left) or, more intriguingly, bells and a chain (above, right). But for many of those bikers that are **really** into it, piercing often takes place in less obvious, more private areas. Ouch!

HARLEY RACING

THE NAME HARLEY–DAVIDSON means many things to many people, but the term 'racing motorcycles' is not usually among them, unless you're a student of Harley history, or one of that band of specialists committed to wringing levels of performance out of the big V-twin that God and Milwaukee surely never meant it to deliver.
But even that's not quite true, for during the company's first two decades competition success played a vital part in their growth, and the 'Wrecking Crew' – as the factory race team was nicknamed – had an unassailable grip on almost all forms of motorcycle sport. Then it was a 61cu. in. (999cc) 8-valve engine in a rigid frame that formed the backbone of Harley's racing effort, but by the mid-'twenties this had been superseded by the Model JDH 'two-cam', a 74cu. in. machine that was the first bike to broach the magical 100mph, at Altoona Speedway, Pennsylvania, in 1925.
Since then Harley's involvement in bike sports has waxed and waned much according to their commercial fortunes, with such bikes as the XR750 dominating dirt-track for almost two decades, and the Italian sourced Aermacchi/Harley–Davidsons having mixed fortunes during the early 'seventies in both on- and off-road racing.
In the early 'eighties the new 'Battle of the Twins' (BoTT) road-races tempted Harley to attack the European marques that ruled the roost, and in 1983 factory flat-tracker Jay Springsteen mesmerised one and all by virtually walking the race on the XR1000.
Despite walloping the opposition so convincingly, the company has since proved erratic in its commitment to competition, for while machines powered by Harley engines have enjoyed varying degrees of success in BoTT, flat-track, drag-racing and hill-climb, only when they could see a direct correlation between what they raced and what they could sell would they pitch in serious money and effort. But with the current popularity of the 'Sportster 883 Series' races on both sides of the Atlantic, perhaps the factory will be able to justify a greater involvement in the sporting life.

Ironically, the acknowledged master of America's 'Sportster 883 Series' is in fact a Briton. Little known in England, California-based Nigel Gale dominates this popular production class in the US with a tenacious, fluid style, as shown while leading Daytona's 1990 event (right).

Arai
1

Racing Sportsters isn't as easy as Nigel Gale makes it look (see pp. 116–17), for while the current Evo-engined models have significantly more urge and better chassis than earlier incarnations of Harley's 'sporty lightweight', they remain taller, under-braked and down on power compared to most contemporary bikes in their class. Fortunately the rules do allow some substitutions, such as 'Screamin' Eagle' carbs, Kerker exhaust systems and uprated suspension, brakes and tires, but for a bike originally cast in the mould of a foot-out, sideways-sliding dirt-tracker, it still takes a lot of skill – and money – to keep it running hard'n'fast on road circuits.

48
986

With just a few narrow inches of rubber (and the rider's knee) kissing the tarmac, this racing Sportster (above) is cornering pretty much on the limit for a big V-twin designed and manufactured exclusively for street use. But Harley guys, they just love a challenge . . .

. . . Some more than others, however! The riders in this 'Sportster 883 Series' race (below) demonstrate varying degrees of body-lean as they hustle round a tight corner of Daytona's infield: No. 194 looks as if he's about to stick his leg out, dirt-track style!

The Buell Motorcycle Co. first unveiled its radically framed, Harley-engined specials in 1989. Since then Roger Buell's brave little outfit has managed to field a racing team (right) and show the Milwaukee factory what the future could well look like for state-of-the art V-twins.

Buell
AMERICAN MOTORCYCLES
150
150

Although factory-supported Harleys have taken their share of out and out speed records over the years (most notably Dan Kinsey who hit 276.5mph on his single-engined 'Tenacious' in 1985), these days the rather conservative V-twin engine is only really competitive in drag races arranged specifically to accommodate it. Such is the dramatic appeal of an intrepid rider dumping the clutch on a roaring, high-tuned Harley that these events are nonetheless very popular with Harley–Davidson cognoscenti. The guy on the right was roasting his particular rear tire at Sturgis Bike Week in '91.

ANDOLINA

Motorcycle racing is even more of an exclusively male domain than recreational riding, the theory presumably being that so-called feminine frailty mitigates against the physical demands of wrestling with a highly tuned machine that's running 'on the limits'. But although drag racing involves massive G-forces and requires an ability to hold what might otherwise be a bucking bronco in a straight line, it's a sport increasingly engaged in by women (left). And as well as a touch of glamor, they can also bring faster reactions to a form of racing where split second reactions are of the ultimate importance.

Draggin' Harley–Davidsons is a spectacular affair, with 'wheelie bars' bolted onto the rear frame to stop front wheels pawing too far into the air (as the guy on the Shovelhead, right, is trying to cope with), and the acrid smell of burning rubber from the rear tire mingling with the heady aroma of exotic fuels. Quite apart from all that, there's the noise!

ON THE ROAD AGAIN

EVENTUALLY, OF COURSE, the holiday reaches the end of its allotted time, the rally hits the last date in its diary, or work darkly beckons after that long weekend. In other words, time's up ... and you've got to clamber aboard your bike and hit the road back to wherever you came from.

Which isn't such a bad thing if you've got the right motorcycle, the right weather and the right road ahead, and since we're talking Harley–Davidson here, there's no doubt that in most vital respects the return trip has as much to offer as any other journey. The adrenalin flows whenever you hit the button and those two big cylinders rumble into life, perhaps with a short cough and a splutter, and you purposefully snick the lever into first gear, release the clutch and move out onto the beckoning tarmac. A palpable shiver of excitement will soon remind you why it is you're on a bike, more specifically on a Harley, and the fact that you're homeward bound is but a minor irritant.

And t'was ever thus: as we've seen elsewhere in this book, Harleys have always appealed to the touring rider and the adventurer in us all, but Milwaukee's current generation of smooth riding, oil-tight, Evo-engined models makes it much easier to take the big ride. Fifteen years ago the Japanese thought they had it all over the last remaining American motorcycle company with their touring machines. But Honda's Gold Wing, Yamaha's Voyager and the rest hadn't allowed for a company that was moving ahead at its own pace, and the power of brand loyalty. So riders who were once perhaps tempted by, or indeed even defected to, the heavyweight oriental tourers, suddenly found that they could have the best of both worlds: motorcycles that were reliable and were clearly born in the USA, and yet offered them all the comforts and gee-gaws that the Japanese so cunningly bolted on to what were, in most other respects, essentially soulless machines. And that's why if you're on the road again, a Harley is still the only way to go.

It is, after all, a damn fine feeling, and the rider on the right exactly evokes that emotion as he chases across the horizon in the late afternoon. It's as if you can experience an infectious sense of urgency as he guns his Springer Softail toward who-knows-where.

Whether it's dawdling through a sunny afternoon (left), or thrumming steadily onward to the distant horizon in Big Sky country (above), the road goes on forever if you're on a Harley–Davidson and among friends. And there's a rhythm to the road that not only orchestrates the ride, but acts like a drug, gnawing away in the back of the subconscious when you're away from your wheels, beckoning you back to where you belong ...

... or where you're going, because you could be forgiven for thinking that this final episode in our modest literary journey is just about going home, which of course it's not. Being 'On The Road Again' is as much about going forward as it is about going back. But then again, there's something about returning tired, safe but happy from a long trip that's even more satisfying than the excitement of anticipation that preceded it.

FOUR CORNERS·PO
LOW CLEARANCE
phone
phone
24697
GX7T

Stops along the way provide an opportunity to compare experiences, maybe brag a little about speeds and sights along the way, pretty much the usual stuff of 'road talk' that the guys on the left have been doing now that they've gassed up at this funky old filling station and getting ready for another, maybe coupla hundred mile chug. Interestingly, although two of the bikes here are modern, Evo-engined Harleys, the Shovel on the extreme right and the 'Glide furthest from the camera are from an era when long distance touring was rather more of an ordeal and a good deal tougher.

In the summer months, particularly in the north eastern and western states where harsher winters relegate motorcycling to strictly mundane, largely metropolitan travel, it's little wonder that road-hungry Harley–Davidson owners keep clothing to a minimum and mileage to a maximum when the sun finally shines on them (see left). Sure, it doesn't exactly minimise the potential damage to life and limb, but if you want to stay utterly safe, what you do is buy a car. And as any die-hard motorcyclist knows, being insulated from your environment in a motorised tin can means missing out on the sounds and smells of the countryside, or in the case of the guys of the right, that glorious cacophony as a tunnel cut through solid rock echoes and magnifies the mighty rumble and roar of Milwaukee steel (right).

To other riders, the art of 'living dangerously' means running hard and fast on a rigid-framed chopper with extended springer forks and the absolute minimum in the braking department (right). Mind you, it doesn't seem as if the owner of this minimalist Shovelhead is taking a particularly long journey unless, that is, he's got a friend trucking his luggage along behind him ... one who's maybe also a qualified doctor!

IVE TO RIDE
HARLEY-DAVIDSON

On the slightly morbid subject of the fragile nature of flesh and blood, it looks like one of the many bits of ephemera the guy on the left has collected along the road is a hospital identification tag ... check out his left forearm. Now is that tough, or what?!

And being an Angel, the guy above is **undoubtedly** tough, although what the message on the registration plate means is anybody's guess. Surely the only hogs that don't sweat are Harley-Davidsons ... except the really old ones, and the only thing they oozed was a bit of oil!

On the road again for this couple (above) means more swinging through bright sunshine on a late FXR-series model, but judging by the smile on the pillion rider's face and the total absence of gloves, this looks like a short jaunt rather than a long run. In contrast, the trio of very different Harleys on the right look like they're transporting their owners on a major trek and they're running a little behind schedule; hell, the guy in the middle doesn't even have time to stop for a smoke!

GOLD PAN
PIZZA

Man in a hurry on this FXLR Low Rider bears all the signs of a serious traveler: somewhere underneath all that luggage is the sissy-bar that makes it all possible. Probably the most popular range currently produced by Harley, the FXR line has a model for just about every road-burning need, from the ultra-comfortable, semi-faired FXRT Sport Glide to the FXRS-SP Low Rider Sport Edition which features tunable front forks and longer-travel suspension at both ends. What they have in common is the meaty, 80cu. in. Evolution engine and entirely adequate heft for the long haul.

At the end of the day it doesn't really matter which Harley–Davidson you're riding, as long as it **is** one. And whether you're reflecting on your latest journey like the above road-hardened lone traveler appears to be doing ...

... or flashing through the night with your darling nestling close-up behind you (below), there's something about arriving as darkness follows you down the road that adds poignancy, even a sense of drama to the whole touring experience.

But when there's a whole bunch of you sharing that experience, the atmosphere becomes even more charged, the sense of satisfaction more meaningful. If that sounds a little pompous, buy yourself a Harley and try it!

HARLEY-DAVIDSON
UTAH
607 DV
A6848